KB097962

**중국,      묻고      답하다**

# 중국
## 묻고 답하다

*China in the 21st century*

★

### 미국이 바라본
#### 라이벌 중국의 핵심 이슈
## 108

**제프리 와서스트롬**　　　　　박민호 옮김

## 왜 미국인의 관점에서 중국을 바라보아야 하는가

이 책의 성공 여부는 한국 독자들이 중국뿐 아니라 태평양을 마주한 중국과 미국 두 나라 모두에 얼마나 많은 관심을 갖게 되느냐에 달려 있다. 이 책은 전반적으로 중국에 대해 다루었지만 부분적으로나마 미국에 대해서도 다루었다. 나는 이 책에서 중국과 미국의 역사를 비교해 오늘날 중국의 상황을 설명하고 중국에 관한 새로운 관점을 제공하려 했다. 또한 미국인과 중국인 사이의 오해에 대해서도 별도의 장을 할애하여 서술했다.

여기에서 나는 어째서 미국 밖에 있는 독자에게 미국인의 관점에서 중국을 바라볼 필요가 있는지를 밝히고자 한다. 이 책이 미국인의 관점을 비중 있게 다룬 이유는 단순하다. 나는 캘리포니아 태생으로 어릴 적 옥스퍼드에서 몇 년, 대학 시절 런던에서 몇 년, 대학원 재학 시 상하이에서 몇 년을 보낸 것을 제외하면 늘 미국에서 생활했다. 하지만 이보다 더 중요한 것은 내가 비록 여러 나라에서 중국에 관해 강의했지만, 주로 미국에서 학생들을 가르쳤고 나의 청중도 대부분 미국인이었다는 점이다.

따라서 나의 관점이 내가 오랫동안 살아온 미국의 생활을 통해 형성되었음은 불가피한 사실이다. 이 책에 등장하는 질문과 대답도 강의실이나 공공도서관, 박물관, 노인학교, 교원 연수프로그램 등을 통해 내 수업을 들은 학생들의 질문에 영향을 받았을 것이다.

이 책의 차례에 적힌 질문 목록만을 본 한국 독자라면 이 책이 미국인의 관심사에 편향되어 있다고 느낄지 모른다. 예컨대 미국인이 잘 모르는 공자와 같은 인물에 대해 한국 독자는 더 이상 알 필요를 느끼지 못할 수도 있다.

그러나 내 생각은 이렇다. 이 책의 일부 장이 공자를 비롯해 이미 한국에 널리 알려진 주제에 관해 다루었다 하더라도, 어떤 내용은 한국 독자에게도 참신하게 느껴질 수 있을 것이다. 예를 들어 중국에서 공자의 지위가 시대에 따라 얼마나 확연하게 달라졌는가 하는 질문은 한국 독자에게도 흥미로운 주제일 수 있다.

또한 나는 보다 보편적인 이유에서 미국인의 관점이 미국인 이외의 다른 나라 독자에게 유익함을 줄 수 있다고 생각한다. 중국과 미국의 관계는 양국만이 아니라 전 세계적으로 매우 중요하다. 따라서 중국이나 중국인에 대한 한 미국인 연구자의 견해는 단순히 중국을 특이한 나라로 여기는 미국인뿐 아니라 한국 독자에게도 유용할 것이다.

나 역시 한 사람의 독자로서, 특정 나라에 관해 제3국의 지은이가 쓴 책을 접하며 그 나라에 관한 것 이상의 많은 정보를 얻곤 한다. 중국 관련서의 경우, 인도 출신의 언론가이자 소설가로 중국어를 할 줄 아는 최초의 『힌두』The Hindu 베이징지국장 팔라비 아이야르Pallavi Aiyar의 책 『연기와 거울들: 중국 체험』 Smoke and Mirrors: An Experience of China을 그러한 예로 들 수 있다. 운이 따른다면 몇몇 한국 독자는 이 책을 통해 내가 경험한 것과 같은 느낌을 공유할 수 있을 것이다. 나는 한국의 독자들이 중국과 미국에 관한 새로운 시각을 접함으로써, 중국이라는 나라가 한국 독자들이 생각하는 것처럼 미스터리하고 복잡한 나라는 아니라는 점을 이해할 수 있기 바란다.

2012년 12월 24일
캘리포니아 어바인에서
제프리 와서스트롬

# 중국을 이해하는 기준

내가 처음으로 중국사에 관한 강의를 수강했던 때는 1970년
대 말이었다. 나는 수강을 충동적으로 신청했다. 세계에서 가
장 잘 알려진 한 나라의 과거와 현재에 대해 좀 더 구체적으로
파악하는 일은 그때까지만 해도 내게 부차적인 일로 보였다.
물론 이제는 더 이상 그렇게 생각하지 않지만 말이다. 그 시절
의 나는 중국의 문화, 정치, 사회를 단순히 친숙하게 여겼던 것
같다. 다만 그러한 친숙함에는 한계가 있었다. 당시 매스컴은
1972년 리처드 닉슨의 역사적인 중국 방문처럼 극히 예외적인
경우에만 그 나라에 대해 언급했다. 중화인민공화국에 관한 이
야기가 영어권 신문의 일면을 장식하거나 스포츠, 비즈니스,
연예오락 부분에서 거론되는 경우는 거의 없었다.

그러나 지난 30년간 많이 달라진 중국은 오늘날 세계적인 관
심 대상이 되었다. 중국 관련 기사는 서방 신문에서 일상적으
로 볼 수 있게 되었다. 또한 상하이 출신이자 휴스턴로켓의 센
터인 야오밍과 2008년 베이징올림픽 덕분에, 중국에 관한 기사
는 스포츠를 포함한 모든 분야에 등장한다. 게다가 중국 관련
보도는 CNN에서 『허핑턴포스트』The Huffington Post와 같은 온라

인 매체에 이르기까지 가장 잘나가는 인기 상품이 되었다.

그러나 티모시 가턴 애시Timothy Garton Ash가 최근 『로스앤젤레스타임스』에서 논평했듯, 중국이라는 나라 자체의 복잡성이나 중국의 역할이 국제적으로 점차 중요해지고 있음을 고려할 때, 독자는 여전히 생각보다 허술한 중국 관련 보도를 접하고 있다.

중국은 더 많은 백만장자, 대도시, 네티즌을 보유하게 될 것이고, 세계 어느 나라보다도 많은 마천루를 소유하게 될 것이다. 이는 오늘날 가장 긴급하고 핵심적인 쟁점이 되었다. 중국은 세계에서 가장 많은 온실가스를 배출하며, 미국 국무부를 상대로 막대한 채권을 보유하고 있다. 또한 중국의 공장은 세계의 대형 할인마트의 선반을 메우고 있다. 더욱이 중국은 핵 보유국일 뿐 아니라, 핵 보유에 대한 야심으로 서방 국가의 우려를 사는 북한과 특별한 관계를 유지해왔다.

이 모든 것들을 고려할 때 '모두가 알아야 할' 중국의 현 상황을 설명하는 책은 분명히 필요하다. 중국은 어떻게 발전하고 있는가? 그리고 세계 각 지역은 어떻게 중국에 영향을 미치며, 중국은 다른 나라에 어떻게 영향력을 행사하는가? 이러한 질문은 많은 사람에게 매혹적인 동시에 걱정을 안겨준다. 21세기 중국의 향방은 지구상의 많은 이에게 문제적이다.

이 책의 목표는 항상 난해한 나라로 간주돼왔던 중국을 이해하는 기준을 제공하는 것이다. 즉 나는 이 책을 통해 중국에 대한 오해의 근원을 해소하고 중국 관련 중요 쟁점에 대한 독자들의 이해를 돕고자 한다. 또한 중국이 비록 엄청나게 복잡하지만 기본적인 특성은 파악할 수 있는 나라임을 보여주려 한다. 이를 위해 나는 중국의 과거와 오늘날의 중국이 처한 곤경 사이의 상관성을 서술하며 논의를 시작해, 중국의 현재에 초점을 맞춘 글들로 이 책을 마무리했다.

그러한 목표를 위해 나는 1986년 8월에서 이듬해 7월 사이에 중국에서 수집한 자료에 지속적으로 의존했다. 그때 나는 나의 첫 번째 책이 될 학생 운동가에 관한 연구에 몰두했다. 그 후에도 나는 중국을 자주 방문해 이 책에서 활용된 지식을 얻었다. 그중 아주 최근 것은 내가 삼십 년 전에 배운 지식을 마치 백 년쯤 지난 낡은 것으로 느끼게 할 만큼 새로운 것이었다. 나는 드라마틱하게 변한 상하이에 관한 최근 논문들과 여러 과제를 수행하기 위해 수집한 일차 자료들을 파헤치며 이 책에서 언급할 만한 것들을 찾아 헤매기도 했다.

그러나 이 책은 중국 사회의 향후 전망에 영향을 미칠, 전에 없던 이농離農 현상에서 마오쩌둥毛澤東의 정치적 유산에 이르기까지 여러 분야의 소중한 기존 연구에 기댄 결과물이기도 하다.

나는 학자들의 전문서뿐 아니라, '두 번째 황금시대'로 불리는 중국 연구 붐에 기여하는 뛰어난 언론인과 프리랜서 저자의 글에서 도움을 얻었다.[1] 이들은 짤막한 코멘트로 이루어진 글이나 전문적인 양 우쭐대는 주장에 기댄 고정관념과 단순화에 맞서, 중국 밖의 수많은 독자에게 다양한 이야기와 정보를 제공하고 있다. 본문에서는 그러한 노력에 부응해, 서구에서 중국을 어떤 면에서 오해하고 있는지 보여주고자 한다.

이 책이 다룰 범위와 관련해 두 가지 중요한 점을 짚고 넘어가야 하겠다. 첫째, 이 책은 전 세계 모든 독자를 대상으로 하지만, 미국인이 중국에 대해 지닌 궁금증과 오해를 잘 알고 있는 나로서는 부분적으로 그 점을 고려해 서술하지 않을 수 없었다. 따라서 이 책의 한 장은 중국에 대한 미국인의 오해와 미국에 대한 중국인의 오해, 그리고 서로 다른 것처럼 보이는 두 나라 사이의 공통점에 관해 논했다.

이 책처럼 미국식으로 포장된 중국 관련서를 읽는 것에는 몇 가지 이점이 있다. 오늘날 중국과 미국 양국은 거대한 경제적 영향력과 지정학적 중요성을 지니며, 서로 다른 방식으로 두각을 나타내고 있다. 예컨대 온실가스 배출에서 미국은 일인당 배출량이 가장 많은 나라이고, 중국은 총배출량이 가장 많은 나라이다. 이러한 측면에서, 세계를 이해하려는 모든 사람은 미국과 중국 양국 사람들이 어떻게 상대방을 바라보는지 알 필요가 있다.

둘째, 이 책은 백과사전과는 다르다. 역사적 유산에 대해 다룬 처음 세 장과 중국의 당면 문제와 미래의 전망에 대해 다룬 마지막 세 장에서 짧게 언급될 많은 쟁점은 모든 중국 관련 서적에서 관심을 가지고 다룰 만하고 실제로도 그래왔다. 그럼에도 나는 독자들이 이 책에서 중국이라는 나라에 관한 개괄적 지식과 여기에 덧붙는 세부 지식, 친숙한 주제에 대한 신선한 생각을 얻어, 21세기 최고의 화젯거리가 될 한 나라를 명료하게 인식할 수 있기를 바란다.

일러두기

- 중국 고유명사의 한글 표기 방법에서 인명은 국립국어원의 외래어 표기법에 따라 신해
  혁명 이전에는 우리말 한자음으로 적고 이후는 중국어 표기법에 따라 적었으나 지명은
  중국어 표기법에 따라 중국어 발음대로 표기했다. 다만 우리나라에서 혼용되는 지명과
  인명은 외래어 표기법에 따른 표기 후 괄호에 한자음을 넣었다. 그 외에는 우리말 한자
  음대로 적었다.
- 미주는 지은이, 각주는 옮긴이가 작성했다.
- 지은이가 표기한 왕조의 연대 표기법이 현재 통용되는 중국의 공식적인 연대 표기법과
  상이하지만, 이 책에서는 변경하지 않고 사용했다.
- 이 책에 수록된 사진 중 일부는 원저작권자를 확보하기 위해 애썼지만 권리자의 허가를
  얻지 못한 채로 출간되었다. 저작권자가 확인되는 대로 최선을 다해 협의할 것이다.

[ 차례 ]

---

## Ⅰ 과거

### 1. 학파

## 2. 제국 시절의 중국

## 3. 혁명과 혁명가

# II 현재와 미래

## 4. 마오쩌둥 시대부터 현재까지

## 5. 미국과 중국의 오해들

## 6. 미래

I

과거

중국의 과거를 아는 것은 오늘날의 중국을 이해하기 위해 매우 중요하다. 중국인이 과거에 이룩한 관습과 최근 중국 지도자들의 전통 비판이나 옹호 등은 오늘날 중국의 모습이 그들의 역사와 밀접함을 알려준다. 중국의 모든 왕조를 하나하나 살펴보는 번거로움을 피하기 위해, 다음의 세 장章에서는 공자孔子에서 마오쩌둥毛澤東에 이르기까지 중국을 형성한 2천여 년을 선별해 신속하게 알아보려고 한다. 1장에서는 고대 중국의 주요 학파의 사상을 소개할 것이다(특히 오늘날 중국의 지도자들이 중국을 '유교'儒敎와 공산주의적 이상의 상호 보완적 공간으로 드러내려 한다는 측면에서 공자의 사상을 중심으로). 또한 오늘날 중국의 민주주의가 단순히 서구에서 온 수입품만은 아니라는 사실을 밝히면서, 그들의 민주주의 전통을 살펴볼 것이다. 2장에서는 중국의 정치 구조를 비롯해 종교와 세속 간의 역학 관계에 대해 이야기함으로써 황제의 통치를 정당화했던 '천명'天命 개념과 주요 정치 사상을 중점적으로 설명하려 한다. 또한 이 장에서는 기원전 3세기부터 마지막 왕조가 무너지고 공화정이 수립된 1912년까지, 중국을 성공적으로 통치한 여러 제도의 공통점과 차이점을 보여주려 한다. 그리고 이 책의 I부 3장에서는 '혁명과 혁명가'를 다룬다. 여기서는 1912년부터 마오쩌둥 사망까지의 기간 동안 국가를 변화시킨 사건과 사람을 살펴볼 것이다. 또한 마오쩌둥이 사망한 1976년 이후 중국의 지도자들이 시도한 다양한 노선에 대해서도 알아볼 것이다.

# 1

# 학파

# 공자는 누구인가?

공자孔子(기원전 551~기원전 479)는 주周 왕조(기원전 1046~기원전 256)의 춘추春秋 시대(기원전 722~기원전 481)에 살았던 교육자이자 철학자이다. 거의 동시대에 살았던 소크라테스와 마찬가지로 공자 자신의 저작은 남아 있지 않으며, 그의 사상은 사후에 만들어진 한 권의 책을 통해 전해진다.[1] 그 책은 공자의 짧은 명구들이 기록된 『논어』論語로, '군자'君子가 일상에서 어떻게 행동해야 하는지, 통치자가 백성의 행복을 위해 어떻게 나라를 다스려야 하는지 등을 다룬다. 교육에 대한 중국인의 높은 가치 부여나 정치 분야에서 능력을 중시하는 오랜 경향은 사람이 비슷한 능력을 갖고 태어나지만 후천적인 교육에 따라 차별화된다는 『논어』의 가르침에서 비롯되었다. "친구가 먼 곳에서 찾아오는 것은 매우 즐거운 일"이라는 말 역시 『논어』에 나온다.

이 말은 2008년 8월 8일 베이징올림픽의 개막식에 인용되면서 유명해졌다. 이 구절은 역대 미국 대통령 중 최초로 해외 올림픽 개막식에 참석한 조지 부시, 러시아의 푸틴, 그 밖의 외국 지도자들이 냐오차오鳥巢 올림픽 주경기장에서 지켜본 성대한 공연에 등장했다. 한편 2009년 11월 미국 지도자의 중국 방문

미국 대통령 오바마의 상하이 타운홀미팅 ©연합뉴스

일정 중 상하이上海에서 열린 타운홀미팅에서는 한 젊은이가 미국 대통령 오바마에게 이 구절을 인용하며 질문을 던졌다. 타운홀미팅에서 인용된 공자의 격언은 미국 지도자의 상하이 방문과 베이징올림픽을 적극적으로 홍보하기 위해 사용되었다. 즉 그 구절은 중국이 외부 세계에 점차 개방적으로 변해왔다는 점과 오늘날 중국인이 혁명 전통만큼 고전 전통을 존중하고 있음을 보여주었다.

『논어』의 윤리적 비전은 세 가지를 강조한다. '교육', '예절'과 차등적이지만 상하 계층 모두에게 이익을 주는 '관계'이다. 예로부터 중국인에게 교육이 중요했던 까닭은 고전을 통해 전설의 현자인 요堯 임금, 순舜 임금과 공자보다 불과 몇 세기 전에 살았던 주공周公 등 과거의 어진 인물들을 배우고 따를 수 있기 때문이다. 한편 예절은 연장자나 어진 사람에 대한 존경에서 우러나오는 신체 행위라는 면에서 중시되었다. 또한 분명한 상하 관계는 상대방에 대한 책임을 그 안에 포함한다는 점에서 가치가 있다.

공자는 정치 관계를 가족 관계와 같게 여겨, 예를 들어 통치자는 아버지가 자녀를 대하듯 자기 백성을 다스려야 한다고 보았다. 또한 그는 사랑을 베푸는 윗사람과 그를 공경하는 아랫사람 간의 네 가지 상호 관계를 특히 강조했다. 통치자와 신하, 아버지와 아들, 연장자와 연하자, 남편과 아내의 관계(나중에 공자의 제자들은 좀 더 평등하지만 별로 중시되지 못한 친구와 친구 간의 관계를 다섯 번째로 삽입했다).

공자가 묶은 네 개의 쌍에서 각 쌍의 전자는 후자를 보호해야 했고, 그에 대한 보답으로 후자는 전자에게 복종해야 했다. 그리고 그에 따르면 사회는 각 쌍이 정한 역할이 지켜지지 않을 때 위험에 빠졌다.

공자의 시대는 내전과 불안이 만연했고, 그런 시대상은 그가 죽은 직후인 전국戰國 시대(기원전 475~기원전 221)까지도 지속되었다. 공자는 자신의 주장을 통치자가 따르면 주변국 사람들이 통치자의 평화롭고 훌륭한 통치권 아래로 자연스럽게 모여들 것이기 때문에 국가질서가 유지되고 영토도 더 확장할 수 있다고 말했다.

→ 학파

공자에게 역사는 매우 중요했다. 그는 서주西周 시대(기원전 1046~기원전 770)에 조화로운 황금시대가 있었다고 주장했다. 그 황금기는 공자가 가장 존경한 역사 인물인 주공이 살던 시대였다. 공자는 그 시기 사람들은 사회질서 안에서 자신이 서야 할 올바른 위치를 알고 있었다고 믿었다. 그리하여 공자는 그 시기를 칭송하며 동시대인에게 그들을 배울 것을 촉구했다.

『논어』에서 공자는 현 시대를 바로잡는 진정한 왕이 되기 위해 우선 과거를 숭상하고 서주의 각종 예악을 되살려야 한다고 말했다. 그것들이 사회 구성원으로 하여금 올바른 태도가 무엇인지 다시금 깨닫도록 해주는 까닭이다. 또한 공자는 통치자가 백성에게 늘 자상한 아버지처럼 행동해야 한다고 주장했다. 통치자의 바른 행동이 모든 윗사람에게 모범이 되면, 그가 다스리는 영토에서 좋은 아버지(또는 웃어른)나 좋은 남편이 생겨날 것이기 때문이다.

이러한 주장은 공자를 비롯한 유학자儒學者 자신들에게도 유리했다. 공자와 그의 제자들은 왕이 선정을 베풀기 위해 고전과 과거의 관례에 통달한 조언자들을 곁에 두어야 한다고 주장했는데, 그 조언자란 바로 자신들을 가리켰다.

→ 학파

사실 공자가 중국인의 변함없는 추앙을 받았던 것은 아니다. 오히려 공자에 대한 평가는 역사적으로 많은 변동을 겪었다. 어떤 시기에는 그의 가르침이 무시되었고 심지어 경멸의 대상이 되었다(물론 좋은 관료는 학자 출신이라는 생각이나 교육 중시 관념은 중요한 가르침으로 인정되었다).

공자가 베이징올림픽에서 받은 환대를 생각한다면 그러한 점을 납득하기 어려울 것이다. 베이징올림픽은 『논어』의 구절을 인용하면서 시작되었고, 공자 가문의 후손들이 올림픽 경기 전 점화식에서 상징적으로 중요한 역할을 담당했다. 또한 공자의 제자로 분장한 삼천 명의 공연자가 냐오차오 주경기장의 무대를 가득 메웠다. 이런 행사는 지난 천 년 동안 공자가 줄곧 국가적 성인이자 중국의 상징적인 핵심 인물이었음을 암시한다.

그러나 이러한 생각은 1970년대 초반을 비롯해, 과거에 다른 시각을 지녔던 중국인에게 낯설 수 있다. 40년 전만 해도 그들은 중국공산당의 수장이 주관하는 영광스런 국제 행사에 공자가 등장하는 날이 오리라고는 상상도 못했을 것이다.

마오쩌둥의 통치 기간(1949~1976) 말기에 공자는 대중 운동에

2008년 베이징올림픽 개막식 공연 모습 ⓒ 연합뉴스

의해 격렬하게 비판받았다. 그는 대대로 중국인에게 커다란 해를 입힌, 편협하고 반反평등주의적인 인물로 간주되었다. 그는 조상 숭배나 남아 선호 사상 등 불공정하고 부도덕한 행위를 야기하고, 중국을 수천 년간 봉건 체제에 머무르게 했다는 이유로 비난받았다. 그러나 오늘날 중국에서 공자의 사상은 비록 일부 수정이 가해졌다 하더라도 다시금 커다란 환영을 받고 있다. 이에 따라 2008년 8월, 중국을 비롯한 전 세계의 텔레비전 시청자가 현 중국공산당 최고 지도자인 후진타오胡錦濤(1942~ )가 공자의 삼천 제자로 분장한 배우들을 내려다보며 미소 짓는 장면을 볼 수 있었던 것이다. 그들은 공교롭게도 인민해방군의

→ 학파

예술 담당 부대원이었다.

공자가 과거의 영광을 재현한 선수라면, 서방 텔레비전 진행자들은 아마도 그를 베이징올림픽의 '돌아온 영웅'이라 표현했을 것이다. 그러나 서방의 아나운서들은 단순히 신화新華통신사로부터 제공받은 스크립트를 따라 중국인이 공자를 각별하게 예우하고 있으며, 그들이 자신의 전통과 역사적 위인에게 자연스러운 존경심을 표현하고 있다고 언급했다.

공자는 자신이 살던 시대에 추종자들을 얻는 데 별로 성공하지 못했다. 간혹 일부 통치자의 귀를 만족시킬 수도 있었겠지만 그는 주요 통치자들의 조언자가 될 기회를 거의 갖지 못했다. 비록 그의 사상은 이후 맹자孟子(기원전 372~기원전 289)에 의해 보완되었고 나중에 유교라는 종교로까지 발전했지만, 공자 사후 수 세기 동안 유가儒家 사상가들의 영향력은 크지 않았다(그들의 사상을 명료하게 체계화하려는 생각은 서구의 다른 종교보다 훨씬 늦게 나타났다).[2] 사실 전국 시대 말엽까지 공자의 사상은 일개 학파의 이념에 불과했다. 오늘날 '중국'이라 불리는 지역에 위치했던 당시의 수많은 경쟁국 통치자들은 도가道家나 법가法家 또는 오늘날 잘 알려지지 않은 다른 이념들을 수용했다. 어떤 통치자는 다른 사상이나 경쟁 학파의 특징을 뒤섞은 형태의 유가를 따르기도 했다.

다른 학파의 추종자들은 공자와 그의 신념을 비웃기까지 했다. 사회관계를 보는 관점이 좀 더 평등하고, 예절보다 자연스러움을 중시한 도가 학파는 그를 종종 무시했다. 또한 법가는 통치자가 자신의 덕을 인정받기 위해 노력하는 대신, 상벌을 통해 존경스럽고 두려운 존재가 되어야 한다고 주장하며 유가의 사상을 비판했다. 도가와 법가는 비록 많은 면에서 의견을 달리했지만, 먼지 낀 고전 학습을 중시한 유가의 주장에 문제를 제기했다는 점에서 의견의 일치를 보였다. 또한 도가가 숭배한 황금시대는 주나라 초기 서적들이 만들어지기 이전의 순박한 시대였고, 실용주의적인 법가는 통치자가 매번 새로운 시대의 도전에 응해야 한다고 보았다.

진秦 왕조(기원전 221~기원전 206)에서 기원전 221년에 전국 시대의 여러 경쟁국을 통일할 때까지도 공자는 영향력 있는 고대 철학자의 지위로부터 멀리 떨어져 있었다. 중국 최초의 황제로 잘 알려진 진 제국의 창건자는 유가 사상을 싫어했다. 그는 어떻게 자비로운 군주가 될 것인가를 논한 유가보다 어떻게 자신의 영토를 최대한 확장시킬 것인가를 논한 법가를 더 선호했다. 중국 최초의 황제는 사후에도 자신을 지켜줄 병마용과 만리장성을 만든 사람으로 기억되고 있다(전자는 역사적 사실이지만 후자는 확실치 않다). 그는 여러 대규모 건축물을 세웠지만, 그 시기에 만들어진 것으로 알려진 오늘날의 관광 명소들은 사실 대부분 명 왕조(1368~1644) 때 세워진 것의 일부이다.[3]

최초의 황제가 살았을 무렵에 작성된 사료는 지금 거의 남아 있지 않다. 그러나 다음 왕조를 섬긴 역사가들은 그를 폭군으로 기술했다.[4] 그들의 글 속에서 그는 백성으로부터 미움 받는, 닮지 말아야 할 군주상으로 묘사된다. 그가 오래도록 지속되리라 꿈꿨던 그의 제국은 그가 죽고 그의 아들이 통치를 시작하자마자 대규모 쿠데타로 무너졌다. 이런 까닭에 많은 후대 왕조의 사상 체계에 법가의 흔적이 남아 있기는 해도, 한漢 왕조(기원전 206~220)가 세워진 이후 법가는 공식적으로 지지된 적이 거의 없다.

진(오늘날 중국을 의미하는 '차이나'는 여기서 유래했다) 왕조가 몰락하고 한 왕조가 성립된 후 공자의 사상은 공식적으로 핵심 이데올로기의 지위를 차지했다. 그러나 그때까지도 유가 사상은 도가나 우주론적인 음양陰陽 사상(이 사상은 명백하게 상반돼 보이는 것들이 실제로는 서로 연관되어 있다고 주장했다) 등 다른 학파에서 유래한 요소들과 결합되어 있었다. 음양 사상은 단순히 도가의 일종으로 인식되곤 했지만, 그 안에는 고유의 견해라 할 만한 것도 있었다.

대다수의 성공한 왕조에서는 공자의 이상과 실천을 찬양했다. 그러나 한 왕조와 마찬가지로 그들은 유가 사상을 종종 다른 사상에서 가져온 개념이나 의식과 뒤섞었다. 즉 유가 사상에는 (어느 시기에나 존재했던) 도가를 비롯한 중국의 전통 민속 종교가 뒤섞였다. 더욱이 유교는 훗날 중국에 유입돼 빠르게 적응한 신앙 체계인 불교의 영향을 크게 받았다. 실크로드 등지에서 성행한 대외무역을 통해 많은 사상과 문물을 흡수한 당唐 왕조(618~907) 시기에 불교는 중국에서 커다란 영향력을 행사했다. 불교의 개념은 송宋 왕조(960~1279) 때에 유교 전통의 수정에 큰 공헌을 해 '성리학'性理學(주자학朱子學)이라는 새로운 유학儒學의 탄생에 일조했다.

→ 학파

공자의 사상은 1900년대 초에 크게 쇠락했다. 이 시기에 많은 중국 지식인은 국가 위기의 책임이 유교적 가치에 있다고 주장했다. 그들은 한때 유교 국가였던 일본이 일찌감치 서양 사상을 받아들인 결과 중국보다 발전하게 되었음을 들어 유교를 비판했다.

1949년 이전의 중국에서 가장 중요하고 급진적인 반反유교 경향은 신문화운동新文化運動(1915~1923) 기간에 나타났다. 미국 철학자 존 듀이John Dewey의 제자인 후스胡適(호적)가 '중국식 르네상스'라고 부른 신문화운동은 인습 타파를 위한 투쟁이었다. 이 '중국식 르네상스'는 전통에 급진적인 질문을 던지고 합리성을 중시하는 '계몽주의', 젊음의 가치와 새로운 예술·문학을 높이 평가하는 1960년대 서구의 반문화운동과 유사하다.[5]

신문화운동의 참가자에는 청년 마오쩌둥을 비롯해, 루쉰魯迅(노신)이라는 필명을 사용한 중국의 위대한 작가 저우수런周樹人(주수인, 1881~1936)이 있다. 루쉰은 어떻게 공자가 중국에서 젊은이를 희생시켜 어른을 공경하게 하고, 여성을 억압하고, 개성과 창조성을 질식시켰는지, 전통 숭배가 어떻게 혁신을 가로막

新青年

LA JEUNESSE

陳獨秀先生主撰

要目

微譯革命與我國民之覺悟
消極革命之老莊
社會
名著梅呂哀
詠花詩
經濟學之德原則
體育之研究
活動與人生
我之改良文學觀

詳細目目

陳嘏秀
吳虞
陶履恭
胡適
劉半農
穿士釗
二十八畫生
朱知一
方孝慎

刊在冊内

原名青年雜誌

第 三 卷 第 二 號

上海 群益書社印行

신문화운동을 이끌었던 잡지 『신청년』

았는지 준엄하게 비판했다. 그들은 중국의 근대화를 위해 공자를 포함해 그와 관련된 모든 것을 버리려 했다. 또한 강대국이 된 일본처럼 서구로부터 유익한 문물을 수용해야 한다고 주장했다. 그리고 일상 회화와 크게 동떨어진 고문古文 대신 백화문白話文 쓰기를 발전시켜 사용할 것을 역설했다.

그러나 일부 신문화운동의 중심인물들은 반유교주의적 입장을 오랫동안 고수하지 않았다. 또 어떤 이는 처음에는 문화적으로 급진적이었다가 후에 보수적으로 변한 국민당에 가입한 후 반유교주의적 입장을 포기했다.

사실 1930년대의 민족주의자들은 장제스蔣介石(장개석, 1887~1975)의 지휘 아래에서 유학 부흥의 중책을 맡았다. 장제스는 중국의 발전을 위해 유교적 가치에 일본과 서양의 기술과 아이디어를 접목해야 한다고 보았다. 그는 기독교인이었음에도 공자의 탄생일을 국가 공휴일로 지정했다. 또한 전통, 가족, 사회질서 그리고 명백하게 기술된 유교적 위계질서가 『성서』의 가르침과 양립할 수 있다고 믿었다.

공자 자신은 종교적 인물이라기보다 철학자에 가까웠다. 연장자를 존중하라는 그의 주장은 그가 살던 시대 이전에도 있었고 그의 사후에도 민간과 황실의 중요한 관습이었던 조상 숭배와 잘 부합했다. 그러나 그는 인간을 둘러싼 모든 일을 알 수는 없다고 여겼고, 사후 세계의 구체적인 내용에 대해 짐작하기를 꺼렸다.

그럼에도 역사에서 공자는 성자나 신과 같은 지위로 격상되었고, 그를 섬기는 사당도 생겨났다(이 중 일부는 최근 정권에 의해 새로 단장되었다). 그의 고향인 취푸曲阜는 (테마파크의 성격까지 가미된) 순례지로 변모하고 있다. 아이러니하게도 기독교인이었던 장제스 통치기에 공자는 경외의 대상이 되었다. 더욱 아이러니한 것은 소위 무신론의 성격을 띤 공산당이 통치하는 오늘날의 중국 역시 공자를 찬양한다는 점이다.

→ 학파

베이징의 공자 사당

I. 과거

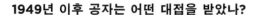

1949년 10월 1일, 중국공산당이 장제스 정부를 타이완臺灣으로 몰아내고 정권을 획득했을 때 공자 탄신일 기념을 즉각 중지한 것은 조금도 놀랄 일이 아니었다. 공자를 반대하는 운동은 1970년대 초반에 가장 극렬하게 펼쳐졌다. 그러한 운동은 마오쩌둥의 통치 기간 내내 전개되었고, 마오쩌둥 사후 화궈펑華國鋒(1921~2008)의 짧은 집권 시기에도 이어졌다. 그러나 화궈펑은 마오쩌둥의 빈자리를 잠깐 대신한 인물에 불과했다. 권력의 최고 정점에서 덩샤오핑鄧小平(1904~1997)에게 서서히 밀려난 그는 여생을 비교적 중요하지 않은 지위에서 보내야 했다.

공산당 통치의 첫 10년은 유교적 이상보다 평등의 가치가 환영받았던 시기였다. 그러나 새로운 특권을 가진 신흥 간부 계층으로 인해 새로운 불평등이 뿌리를 내리기 시작했다. 이 시기의 정부는 집단농장이나 인민공사 등 새로운 공산주의적 사회 단위를 구축해 가족의 중요성을 축소시키는 작업을 진행했다. 이때는 보수적인 옛 황금시대를 찬양하기보다 현실 조건에 적응하고 새로운 미래를 건설하고자 했으며, 중국 역사에서 드물게 법가 사상을 긍정적으로 평가했다. 우상 파괴의 열정으

→ 학파

문화대혁명 기간의 공자 비판 운동

로 충만했던 마오쩌둥은 최초의 황제가 비실용적인 경전을 배
척한 법가의 가르침과 위대한 업적을 이룩할 만한 능력을 통해
절대 권력의 지위에 오를 수 있었다고 주장했다.

공자에 대한 공식적인 존경의 부활은 갑작스럽게 변화된 중국공산당의 태도를 보여준다. 그런 현상을 이해하기란 어렵지 않다. 그것은 과거와의 연속성을 강조하는 오늘날 정권의 경향과 맞아떨어진다. 최근 중국은 자랑스러운 '5천 년 역사'와 '부단한' 문화 발전을 공식적으로 자주 언급하며, 중국 문명을 현대에도 여전히 존재하는 '통일되고 지속적인 유일한 문명'이라고 말한다.6 과거에 대한 이 같은 견강부회는 과거의 위대함을 암시하는 그 어떤 것에라도 존경할 만한 가치를 부여하려는 중국의 시대적 요구에 부합한다.

전통을 짊어지고 나아가려는 중국의 형상은 공자뿐 아니라 고대에 살았던 다른 사람들 또는 먼 과거를 상징하는 것들에 대한 긍정이나 찬사를 통해 적극적으로 구축된다. 심지어 마오쩌둥 시대에만 해도 영광보다는 실패를 떠올리게 만들었던 역사적 공간들이 복원되고 있다. 마오쩌둥은 명 왕조와 청 왕조(1644~1911)의 황폐해진 궁궐을 구경하는 것을 좋아했다. 마오쩌둥의 통치 기간 중에는 그곳에 공산주의혁명 이전의 암흑시대에 통치자나 지주에게 부당하게 착취당한 백성을 떠올리게 하는 조형물이 보존되어 있었기 때문이다. 그러나 그곳들은 이제 정성스럽게 복원되어, 과거의 퇴폐를 상징하는 곳이 아니라 중국을 방문한 해외 고위층 인사들이 꼭 가 보고 싶어 하는 화려함과 아름다움을 상징하는 곳이 되었다. 오바마 역시 지난해 말 방중 기간 중에 그곳을 방문해 중국의 예술과 건축 전통의 영광을 관람한 바 있다.

이런 사실들은 중국정부가 공자의 가르침과 최초의 황제의 행동 중 한 가지를 선택해야 한다는 낡은 생각을 포기했음을 말해준다. 오늘날 『논어』와 병마용은 여러 분야에서 위업을 달성한 고대 중국의 상호 보완적 상징물로 여겨진다.

최근 중국의 지도자들은 자신들의 국가가 가까운 미래에 위대한 과거를 재현할 것임을 피력한다. 이로써 종종 대립물로 간주됐던 고대 전통의 상징물들은 이제 국가의 자존심을 세우는 중국 지도자들의 욕구와 조화를 이루게 되었다. 또한 그러한 상징물들은 동일한 혈통이라 할 수 있는 타이완인 그리고 오스트레일리아와 미국을 비롯한 여러 지역의 중국계 이민자들(심지어는 공산당에 애정이 없는 이들까지도)이 중국에 동질감을 느끼고, 중국으로 여행을 오거나 중국에 자금을 투자하게 함으로써 부분적으로 정권에 이익을 가져다준다.

공자의 귀환에는 또 다른 특별한 이유가 있다. 공자와 그의 제자들이 사회의 조화에 늘 관심을 가졌다는 점은 후진타오를 위시한 오늘날 중국의 지도자들이 사회 안정을 중시한다는 점과 잘 어울린다.

마오쩌둥은 마르크스의 전통을 유지해, 진보는 갈등과 투쟁을 통해 유지된다는 점을 강조했다. 그러나 여전히 마르크스주의를 고수함에도 불구하고, '조화로운 사회'의 건설을 위해 단합을 강조하는 후진타오 정권의 슬로건에는 강력한(그리고 의도적인) 유교적 요소가 녹아 있다.

올림픽 개막식에서 공연된 핵심 문자 '和'(화)는 시각적으로 사람들의 눈길을 사로잡았고, 2009년 10월 1일 중화인민공화국 수립 60주년 기념 행진의 50가지 공식 표어에는 '조화'라는 단어가 들어 있었다. 여기에는 당을 도와 '조화로운 사회주의 사회를 건설하고 사회적 공정과 정의를 촉진할 것'을 요구하는 중국공산당의 생각이 담겨 있다.

## 새로운 정권은 구체적으로 어떻게
## 공자를 이용하고 있나?

올림픽 기간 중 공자의 복귀를 승인하고 '조화로운' 사회관계 강조를 위해 『논어』와 그 이후에 나온 유가 경전의 가치를 선전하는 외에도, 중국정부는 최근 세계 여러 지역의 '공자학원'孔子學院 설립 자금을 지원하고 있다. 이는 부분적으로 독일의 '괴테 인스티튜트'를 모델로 삼았다. 공자학원의 공식적인 목표는 오로지 중국어나 중국사에 관한 강의를 통해 외국인에게 중국의 문화유산을 잘 이해시키고, 5천 년 역사를 지닌 중국 문명의 연속성을 강조하는 데 있다. 문제는 중국 영토의 크기나 모양, 그 안에 살고 있는 사람들의 가치관과 전통이 그간 얼마나 많이 변화했나 하는 점이다.

마오쩌둥의 통치 기간에 이루어진 중국공산당의 공자 비판을 고려할 때 오늘날 베이징 정부가 세운 '공자학원'이라는 이름은 중국 역사를 아는 이들에게는 놀라운 일일 것이다. 그러나 공자학원은 이 점에 대해 거의 언급하지 않는다. 이는 소비에트연방 말기에 모스크바에서 '차르 니콜라스 인스티튜트'를 세워 러시아의 문화를 세계에 전파하려 했던 것과 유사하다.

공자 사당의 복원과 공자상의 건립(중국의 일부 지역에서는 공자상이 한창때의 마오쩌둥상의 수를 이미 넘어섰다)을 가능케 한 유교주의의 공식 부활은 오늘날 중국에서 울려 퍼지는 장제스 시대의 메아리 가운데 하나이다. 과거의 거대 격변기에 서로 연합했던 양당 지도자들(공산당과 마찬가지로 국민당도 처음에는 급진적인 혁명 정당으로 출범했다)은 이제 모두 전통과 조화의 시대 분위기에서 승리를 거둔 한 철학자를 떠올리고 있다.

공자에 대한 재관심과 관련해 또 하나 흥미로운 이야깃거리가 있다. 21세기 들어 중국에서 출판된 최고의 논픽션 베스트셀러 가운데 하나는 상아탑에서 미디어로 활동 영역을 바꾼 위단于丹의 『논어』 해설서이다.● '중국식 『영혼을 위한 닭고기 수프』'라 할 수 있는 그녀의 책은 수백만 권이나 팔려 나갔고 금세 영문으로 번역되었다. 그녀의 책은 공자의 사상 가운데 문제가 될 만한 부분을 삭제했다는 이유로 비판을 받았지만, 그러한 비판이 그 책의 유명세를 증명했음은 의심의 여지가 없다.[7]

중국정부는 그간 위단 현상을 높게 평가해왔다. 위단 현상은 인민과 정권이 서로 도와 사회의 조화를 추구한다는 점을 증명했기 때문이다. 하지만 어떤 이는 위단 현상이 더 이상 새로운 것(설령 이것이 허구적으로 포장된 낡은 것일 따름이라 하더라

---

● 한국에서는 『논어심득』(임동석 옮김, 에버리치홀딩스, 2007)으로 번역되어 출간되었다.

도)을 신뢰하지 않는 사람들의 거대한 갈증이 드러난 것이라
여겼다.

　　　**유교는 청나라의 경제 발전을 저해했나?**

　독일의 저명한 사회 이론가 막스 베버Max Weber는 유교가 청 제국의 경제 발전을 가로막았다고 생각했다. 베버에 따르면 프로테스탄티즘은 사회 혁신을 일으켜 자본주의의 발전을 이끈 반면, 과거의 영광에 얽매인 공자 숭배는 경제 발전에 걸림돌로 작용했다. 더욱이 유교 경전에서는 종종 통치 집단을 제외한 네 개의 기본적인 사회 집단을 상정했다. 공자나 그의 제자들이 볼 때 가장 존귀한 두 집단은 학자(훌륭한 통치가 무엇인지 알고 있으므로)와 농부이고(사회에 식량을 공급하므로), 다음으로 존귀한 집단은 장인匠人이며(본질적인 문제를 고민하지 않지만 유용한 물건을 생산하므로), 가장 천박하고 혐오스러운 집단은 상인이다(자신만의 이익을 위할 뿐, 공동체를 위해 아무런 공헌도 하지 않으므로).

　그러나 유교적 사고가 경제 발전에 장애물로 작용했다는 주장에는 두 가지 문제점이 존재한다.

　첫째, 케네스 포머런츠Kenneth Pomeranz의 최근 연구에 따르면, 유교 국가였던 1750년대의 중국에서 경제적으로 가장 발달한 지역은 동시대에 프로테스탄티즘의 성격을 띤 유럽에서 경제적으로 가장 활기를 띤 지역과 거의 대등한 상업적 번영을 누렸다. 따라서 포머런츠의 말대로 서양과 중국의 경제 발전 정도의 '엄청난 차이'[8]에는 사유방식 이외의 다른 요인이 있을 수 있다. 그의 주장에 의하면 양자 간에 차이를 부른 다른 요인으로 천연자원과 제국주의 국가들의 태도를 들 수 있다(예를 들어 영국은 운 좋게도 상업 중심지와 가까운 지역에 거대한 탄광들이 있었고, 유럽 제국들이 바다 너머로 영토를 확장한 반면 청나라는 자국 내에 안주했다). 또 그는 영국의 비약적 발전이 해외의 토지 집약적 생산물(노예제와 식민지 경영은 유럽의 낮은 단위면적당 농업 생산량을 보완했다)과 자국의 풍부한 탄광 때문에 가능했다고 주장했다(청나라에도 많은 광산이 있었지만, 그곳들은 철도가 부설되기 이전에는 접근하기 어려운 지역이었다).

유교와 경제 번영이 양립할 수 없다는 생각이 지닌 두 번째 문제는 중국과 같은 동아시아 국가들이 최근 수십 년 동안 보여준 경제적 성공신화가 유교의 영향을 크게 받았다는 데 있다. 일본, 홍콩, 한국, 싱가포르, 타이완 등의 급속한 경제 도약 이후 유교적 가치가 자본주의에 저해가 된다는 주장은 동의를 얻을 수 없게 되었다.

오늘날 중국에서도 그러한 사실을 확인할 수 있다. 중국은 분명 자본주의 국가가 아니지만(중국의 상위 500대 기업 중 약 70퍼센트가 국가 소유이고, 기업의 자산 역시 대부분 국가 자산이다) 대단한 경제 붐을 일으키고 있다. 새로이 등장한 공자 찬양의 분위기 역시 베버주의자들에게 또 다른 결정타로 작용했다.

경제 중심이 이동하기 시작한 오늘날, 어떤 이들은 베버의 주장을 더 이상 신뢰하지 않는다. 유가 사상가들은 상인 계층을 생산적이지 않다는 이유로 멸시했지만, 베버 비판자들은 유교가 낳은 가족 중심적이며 집단생산과 협동을 강조하는 생활 방식이 비즈니스에 적합한 독특한 경제 형태를 조성했다고 주장한다. 사실이든 아니든, 유교적 가치를 공유하는 사람들은 어떤 경우든 자신과 친숙한 사람과 비즈니스를 하고자 하는 경향이 있다. 중국정부와 사업을 하려는 대규모 투자자들은 타이완을 포함한 이웃 나라의 기업인 경우가 많은데, 그 이유는 그들과 중국 사이에 '공자'를 매개로 하는 문화적 유대감이 있다고 여기기 때문이다.

중국적 사유에는 때때로 권위적인 요소가 있다. 계층과 신분의 차이를 중시하는 유교와 엄한 처벌을 강조하는 법가가 그러한 권위적인 사유 체계로 기술된다. 그러나 중국의 지적 전통에는 보다 민주적인 요소들이 다양하게 녹아 있다.

이미 언급했듯이, 도가 경전은 사람들에게 상대주의적 태도와 의구심을 가지고 계층 관계를 바라볼 것을 요구한다. 즉 우월하다고 여겼던 것들이 진정 다른 것보다 우월한지 의심해야 한다는 것이다. 물론 이는 선거를 통해 국가의 리더를 결정하는 민주주의적 사고와는 다르지만, 사회 속 힘의 관계들을 있는 그대로 받아들이기보다 그것에 도전해야 한다는 생각의 토대를 제공한다.

심지어 유교 전통 내부에도 민주적인 입장이 존재한다. 예를 들어 정치 권위의 기반인 '천명'天命은 유교적 개념만은 아니지만 유교와 뚜렷하게 연관을 맺고 있다. 황제는 우주를 작동시키는 무인격적無人格的 정신인 '하늘'(天)의 현신現身으로, 우주에서 하늘의 역할은 지상(천하)에서 황제의 역할과 상응한다.

하늘은 모든 새로운 왕조에 통치권(命)을 부여하지만 그 권한은 폐지될 수도 있다. 황제가 자신의 역할을 정당하게 수행하지 못하면, 하늘은 그 통치권을 다른 통치자에게 넘겨줄 수 있다.

이러한 과정에 대해서는 맹자의 관점이 가장 정교하다. 그는 통치자가 통치 자격을 가지려면 백성을 진정으로 사랑하고 그들의 이익을 보호해야 한다고 주장했다. 이는 통치자가 백성의 '아버지'와 같아야 한다는 『논어』의 내용을 보충한다. 맹자는 더 나아가 하급자에게 사랑을 베풀지 못한 통치자는 특별한 대우를 받을 권리를 박탈당한다고 말한다.

한 유명한 표현에서 맹자는 통치자가 하늘의 뜻에 따라 나라를 다스리지만, "하늘은 백성의 귀를 통해 듣고 백성의 눈을 통해 본다"고 주장했다. 이는 백성이 자주 억울한 일을 당하면 하늘은 더 이상 황제를 보호하지 않고 백성이 새로운 왕조를 수립하도록 돕는다는 뜻이다. 이로써 반란이나 혁명은 가능성과 윤리성 면에서 모두 정당화된다.

결론적으로 유교는 서양이나 그 밖의 나라(예컨대 인도)에서 민주주의와 동등한 것으로 여기는 선거제도를 말하지는 않았지만, 일종의 민주주의적 사고를 지닌다고는 볼 수 있다.

중국어에서 영어 'democracy'에 해당하는 단어는 '民主'이다. 이는 다른 복잡한 개념과 마찬가지로 서로 다른 의미를 지닌 두 글자로 이루어졌다. 이 단어에서 '民'(민)은 '백성'을 '主'(주)는 '지배'를 의미한다.

이 합성어는 고대 그리스에서 민주주의를 뜻한 단어(이 역시 어원상 '민중'과 '통치'를 의미하는 어근과 어미의 병렬로 이루어진다)와 마찬가지로 여러 가지 방식으로 해석이 가능하다. 민주라는 단어는 인민에 의한 직접 통치 혹은 가장 좋은 정부란 인민에게 최대한 이익을 주는 정부라는 개념을 떠올리게 한다. 그러나 고도의 지적 훈련을 받은 중국 지식인 사이에서는 '민주'라는 단어에 오랫동안 전해진 또 다른 해석이 존재한다. 이는 선거 없는 대의민주주의라 불릴 수 있는 것으로, 지식인이 통치자에게 백성의 이익을 존중하도록 충고할 수 있음을 뜻한다.

공자의 교육 중시 사상과 연관된 이 같은 주장의 근거는 한 왕조 때부터 관리 선발을 위해 과거제도가 실시됐다는 점에서 발견할 수 있다. 높은 관직에 오르기 위해 유교 계율의 숙달을 요구한 과거제도는 송 왕조 때 확대된 이후 더욱 중요해졌다. 물론 황제로 하여금 지식인의 조언을 듣도록 강제할 수는 없었지만, 지식인이 민중의 대변인이어야 한다는 생각은 지금까지도 면면히 이어지고 있다.

중국정부의 유교 우대는 과거의 사상을 재해석해 21세기의 당면 과제를 성공적으로 해결하려는 정권의 새로운 노력의 표현이다. 동시에 유교의 부활은 현 정권의 도덕적 결핍을 드러내고 인민의 이름으로 정권을 변화시키려는 비판적 지식인의 새로운 노력의 표현이기도 하다. 현 체제의 옹호자들과 중국의 통치 노선 변화를 요구하는 투쟁의 지지자들은 모두 지금의 중국을 지적이고 정치적인 전통의 다양한 요소들 속으로 끌어들일 것이다.

→ 학파

# 2

# 제국 시기의 중국

중국사를 정리하는 가장 표준적인 방법은 기원전 221년으로 거슬러 올라가는 것이다. 이해는 중국의 첫 번째 황제가 여러 소국을 하나의 제국으로 통일한 해이다. 물론 황허 강 북쪽이나 남쪽 전체 혹은 일부를 지배한 왕조도 그전에 존재했다. 그 나라들은 '중국'의 중심부(중원)에 위치했는데, 이곳에는 오늘날 중국의 수도 베이징을 포함해 많은 나라의 수도가 건설되곤 했다.

최초의 고대 왕국은 하夏(기원전 2070~기원전 1600)로, 실존 여부에 대한 증거가 적어 신화적인 국가로 간주된다. 다음 왕조인 상商(기원전 1760?~기원전 1122?)은 국가 의식에 갑골甲骨을 사용했는데 그중 일부가 발굴되기도 했다. 갑골에는 고대 문헌에서 사용되고 나중에는 현대 중국어의 구성 요소가 된 글자들이 적혀 있다. 상나라에 이어 세워진 왕조는 주周(기원전 1046~기원전 256)로 주나라의 초기는 유가에 의해 완벽한 시대로 칭송되었다. 그러나 이 모든 나라가 진秦나라만큼 거대한 영토를 지배하지는 못했다.[1]

진나라를 무너뜨린 반란의 지도자는 한漢나라의 첫 번째 황제

갑골문

가 되었다. 한나라는 중국을 더욱 거대한 나라로 변화시켰고 유교를 처음으로 국가 핵심 이데올로기의 지위에 앉혔다. 한나라의 통치와 영토 확장은 서양의 로마와 거의 동시대에 이루어졌고, 여러 기본적인 통치 방법에서도 두 나라는 서로 유사했다.

중국 역사상 최초의 중요 역사 저술가이며, 오늘날까지도 뛰어난 연대기 편찬자로 평가되는 한나라의 사마천司馬遷은 진나라에 거부감이 있었다. 그러나 아이러니하게도 한나라는 진나라의 행정 관료 체제(진나라의 혁신을 이끈 군대와는 별도로 존재한)를 비롯해, 중국의 첫 번째 황제가 만든 정치체제의 토대를 고스란히 유지했다. 한편 '진'이 단지 나라의 명칭만을 의미한다면, '한'은 거기에 더해 그 영토에 거주하는 사람 전체를 의미하는데(오늘날 '한족'漢族은 중화인민공화국 인구의 90퍼센트를 차지한다), 이는 한나라가 중국사에서 얼마나 중요한지를 말해준다.

중국에서 황제는 종교적 인물이자 정치적 인물로서 하늘과 인간 세계를 매개하며 각종 제례를 수행했다. 정치적으로 중심 역할을 한 것은 황제였지만, 그(혹은 드물지만 그녀)의 가족이 정치를 좌우하기도 했다.

많은 다른 나라의 군주제와 달리, 중국의 황제 체제에서는 반드시 장자가 황제의 지위를 물려받지는 않았다. 그 때문에 통치자의 사망 전후로 수많은 정치적 음모가 발생했다.

더욱이 황제가 한 명 이상의 아내나 첩에게서 여러 명의 자식을 두었던 까닭에 황위 계승 문제는 많은 사람의 관심을 샀다. 그리고 황제나 장차 황제가 될 사람의 어머니, 삼촌, 숙모 등 영향력을 지닌 사람들은 황제의 친족이라는 이유로 어린 황위 계승자의 섭정이 되어 옥좌에 오르기도 했다.

통치자 가족 구성원 외에 제국 안에서 가장 영향력 있는 사람은 학자 출신의 관료나 환관인 경우가 많았다. 전자는 중앙정부의 대신, 지방정부의 통치자, 황제가 중앙에서 의례나 정치를 수행하듯 지방에서 그것을 수행하는 지방 관리를 말한다.

궁 안에는 다른 사내들이 황제의 아내나 첩을 범하지 못하도록 오로지 환관만을 두어, 황실 내부 질서를 유지하고 잠재적인 황위 계승자의 부친 사이에 있을 분쟁 가능성을 최소화했다. 고위 관료는 보통 환관보다 더 권력이 있다고 여겨졌지만, 환관은 황제나 황실 구성원과의 특별하고 긴밀한 관계 때문에 종종 큰 영향력을 발휘할 수 있었다. 따라서 제국의 몰락에 대한 비난은 환관과 더불어 (여성 혐오의 표현에 불과할 수도 있지만) 어린 황제의 모친에서 간사한 첩에 이르는 궁정 여성의 비도덕적인 막후 정치에 집중되곤 했다.[2]

# 왕조 순환이란 무엇인가?

'왕조 순환'은 한 왕조가 주기적으로 다른 왕조에 의해 무너진다는 뜻이다. (반란의 우두머리이든 중원을 정복한 이민족 군대의 통솔자이든) 왕조의 창시자는 하늘이 자신에게 제국을 통치할 정당성을 내려주었다는 사고에 입각해 정권을 장악할 수 있었다. 그러나 시간이 흘러 그들의 후손이 백성의 요구와 권력의 부패에 무관심해지면 정치질서는 새로운 집단에 의해 정화되고, 덕망을 갖춘 통치자가 나타나 몰락하는 전 왕조의 후손을 교체한다.

당시 사람들은 자연과 정치 세계가 서로 유사하거나 일치한다고 여겼다. 따라서 천명을 따르지 않는 통치자가 새로운 통치자로 바뀔 조짐이 자연재해와 같은 특별한 사건으로 나타난다고 보았다. 인간 세상에 일어난 사건들은 제국의 몰락을 하늘이 진노한 결과로 해석하는 근거가 되었다. 그리하여 황제들은 제국의 몰락을 대비하기 위해 그러한 사건들의 조짐을 파악하려 애썼다.

# 왕조 순환론에 담긴
# 정치적 의미는 무엇인가?

중국인은 역대 통치자가 하나의 혈통으로 이루어진 일본식 군주제보다 군주의 혈통이 바뀌는 왕조 순환을 더 바람직하게 생각했다.

(유럽의 귀족과 달리 세습이 아닌 과거로 지위를 획득한) 중국의 관리와 대신은 반란이나 이민족의 위협이 있을 때마다 어려운 선택을 해야 했다. 그들은 현 통치자가 천명을 잃었는지, 통치자가 백성의 이익을 지켜주고 있는지를 판단해 자신의 입장을 정해야 했다.

결국 새로운 왕조는 대체로 이전 왕조의 체제를 답습했으므로, 왕조들 간에는 상당한 연속성이 있었다. 또한 새로운 왕조는 이전 왕조에서 새로운 왕조로 입장을 바꾼 관료들의 경험에 크게 의존했다.

# 모든 왕조가 유사했나?

각 왕조 간에는 앞에서 말한 연속성뿐 아니라 서로를 구별하는 뚜렷한 차이도 있었다.

가장 기본적인 차이는 각 왕조가 다스린 영토의 크기다. 중화인민공화국의 지도는 청나라에서 1644년 이후 수백 년간 확장을 거듭해 수립한 중국 영토의 경계선을 보여준다.

반면 몇몇 왕조의 영토는 지금보다 훨씬 작았다. 송나라는 행정 관료 체제를 정립하고 급속한 경제 발전을 이루어, 일부 학자들이 '근대' 중국의 출발점으로 삼지만 오늘날 중국의 절반도 되지 않는 영토를 지배했다.

명나라의 영토는 송나라보다 넓었다. 그러나 명나라는 중원에서 서쪽으로 멀리 떨어진 고산 지대이자 중화인민공화국이 중국의 일부라 주장하는 티베트(시짱西藏)는 물론 중국 대륙의 북서쪽 변방에 위치하며 가장 나중에 중국에 병합된 신장新疆도 지배하지 못했다('새로운 경계'를 의미하는 신장은 청나라 때 중국 영토에 병합되었다).

이처럼 지금의 중국 영토에 새로 포함된 지역이 있듯이, 더는 중화인민공화국 경계선 안에 속하지 않게 된 곳도 있다. 예를

진秦과 한漢(기원전 221~220)

■한 ▨진 왕조의 확장(기원전 221~기원전 206)

당唐(618~907)

■당

송宋(960~1279)

■남송南宋의 북방 경계선(1127~1279)

원元(1271~1368)

■원

명明(1368~1644)

■명

중국 각 왕조의 영토 크기

들어 20세기 이전의 베트남(혹은 그 일부)은 이따금 중국의 영토에 포함되었다.

한편 정복 전쟁으로 통치권을 빼앗은 왕조들은 멸망한 이전 통치자의 역할을 계승하는 동시에 자신들이 물려받은 체제를 수정했다. 중앙아시아나 동북아시아 초원 지대에 민족적, 문화적 뿌리를 둔 몽골족이나 만주족 등 유목민족이 세운 왕조가 그러했다.

예를 들어 쿠빌라이 칸이 세운 원元(1271~1368)은 과거제를 중단했지만 일시적인 데 그쳤고, 청나라 초기의 만주족 황제들은 공문서를 일부는 모국어로, 일부는 중국어로 작성했다. 또한 청나라는 이중 관료 시스템을 세워 하나는 만주족에게, 다른 하나는 만리장성 이남에 살던 한족에게 할당했다. 그리고 북방에서 온 민족으로만 구성된 특수부대(팔기군)를 운용했다.

다른 제국의 통치자들과 마찬가지로 중국의 대다수 황제들은 자신이 다스리는 영토가 세상에서 가장 중요하다고 생각했다. 이는 유교에서 명확한 계층 질서를 중시했고, 황제가 주변국의 통치자를 보호하고 그들에게 자비를 베푸는 대가로 그들 역시 자신을 떠받들 것으로 여겼기 때문이다.

그럼에도 각 왕조나 황제가 외부 세계를 대하는 방법은 다양했다. 일부 통치자는 국제무역이나 탐험에 비교적 개방적인 태도를 취하며 그것들을 허용했다. 명나라 황제들은 유럽에서 온 예수회 선교사들을 환영했는데, 그 원인 중 하나는 서구의 발전된 천문학이 왕조의 쇠퇴를 예측하는 데 도움을 준다고 여긴 데 있다. 명나라 황제는 정화鄭和가 이끈 해군의 기념비적인 탐험에 금전적인 지원을 했다. 근래에 나온 신뢰할 만한 연구 결과들에서는 그들이 '아메리카 대륙'까지는 아니더라도 포르투갈까지 항해한 것은 사실이라고 인정된다.

그러나 다른 통치자들은 외부인을 불신해 국제관계를 제한하려 했다. 그들은 외국과의 관계를 확대하는 일이 불필요하고 어쩌면 위험한 일이 될 수도 있다고 보았다.

중국 최초의 개항장 광저우의 20세기 초의 모습

　이에 관한 뚜렷한 예로 1700년대 말 청나라가 서양 무역상과 선교사의 중국 접근을 제한한 일을 들 수 있다. 청과 동남아 국가들 간의 무역은 여러 항구에서 활발하게 진행됐으나, 새로운 상품 시장 개척과 선교 활동을 원하는 서양인이 정박할 수 있는 곳은 오로지 광저우廣州뿐이었다. 다만 예외적으로 포르투갈인은 광저우 부근의 해양 교두보인 마카오를 일찌감치 손에 넣었다.

중국 대부분 항구에서 외국 배의 정박을 금지한 정책은 새로운 시장 개척과 포교를 원했던 서구인의 불만을 샀다. 청나라에서는 자신들이 모든 것을 자급자족할 수 있어 서양 문물이 불필요하다고 주장했지만 서양인은 이를 무시했다.

중국산 차茶에 대한 영국인의 애호로 1800년대 초 서구의 무역상과 선교사의 불만은 더욱 가중됐다. 서구 상인들은 중국인이 좋아할 만한 상품을 찾는 데 실패했고 무역이 중국에 유리한 방향으로 전개되면서 많은 은이 서양에서 청으로 흘러들어갔다.

이에 영국과 미국의 무역상은 중국에서 아편을 팔기 시작했다(영국은 자국 식민지였던 인도에서 질 좋은 양귀비를 얻었고, 미국도 터키에서 양귀비를 구할 수 있었다). 이 무역상들은 런던처럼 중국에서도 아편의 중독성이 효과를 발휘하기를 원했다.

청나라에서는 아편 매매를 금하는 법을 제정했으나 외국인의 전략은 (중국 밀매업자의 큰 도움에 힘입어) 서구에 이익을 주는 무역 불균형을 야기했다. 서구 무역상들은 중국에 아편을

아편전쟁

유통시킬 방법을 끊임없이 찾아냈고, 중국의 마약 수요는 (광
저우를 중심으로) 지속적으로 증가했다.

청과 외국 사이에 긴장감이 고조되자 쌍방은 각자 도덕적 정
당성을 내세웠다. 서구인은 신성 불가침한 자유무역의 권리를
청나라에서 야만적으로 거부한다고 주장했다. 그들은 청이 모
든 항구에서 외국 선박의 접근을 허용한다면 아편 이외의 상품
을 새로운 시장에 제공하겠다고 말했다. 그러나 청의 관리들은
서구인의 악랄한 위법 행위와 중국인에게 해로운 상품을 유입
시킨 점을 비난했다.

청나라와 영국 사이의 전쟁은 1839년에 발발했다. 이 전쟁에

서 청나라는 금세 패전국으로 전락했다. 청나라에서는 서구의 철선鐵船이 중국의 수도로 진군하는 것을 막기 위해 서구인에게 매우 유리한 조약에 서명할 수밖에 없었다.

아편전쟁은 파괴적인 결과를 낳았다. 경제적으로 큰 대가를 치러야 했고, 정치적으로는 제국이 천명을 다한 것은 아닌가 하는 의혹을 낳았다. 또한 심리적인 면에서 중국이 세계에서 가장 강력하고 발전한 나라라는 오래된 관념을 약화시켰다.[3]

# 청 왕조는 왜 무너졌는가?

1970년대까지 학자들은 청나라가 아편전쟁 이전만 해도 기초가 탄탄한 나라였다고 생각했다. 건국 후 처음 두 세기 동안 청나라는 중앙아시아까지 영토를 확장했고, 황제들은 오랫동안 태평성대를 이루었다. 이런 상황에서 19세기 중엽에 발생한 서구와의 충돌은 흥성하던 제국의 몰락을 알리는 징후가 되었다. 그러나 오늘날 역사가들은 외교 문제 이외에도 청의 지배권을 약화시킨 또 다른 문제가 있음을 알게 되었다.

**024 어떤 내부적 사건들이 청 왕조를 약화시켰나?**

청나라를 긴장시킨 문제는 첫째로 인구 문제였다. 1700년대 말에서 1800년대 초중반까지 불과 100년 사이에 두 배(어쩌면 세 배 또는 네 배까지도) 이상 늘어난 중국의 인구는 엄청난 식량 문제를 야기했다.

더구나 인구의 급증에도 지방 관료의 수는 늘지 않았다. 이 때문에 1830년도에 이르면 두 가지 이상의 임무를 맡은 관료(이들은 재판, 징세, 곡물창고 관리, 지방의 의례 주관 등의 임무를 담당했다)가 전보다 훨씬 많은 사람을 다스려야 했다.

## 농민 반란의 의미는 무엇인가?

청이 직면한 또 다른 문제는 광범위한 지역에서 일어난 반란이었다. 그러한 반란은 해적이나 비적에서 종교성을 띤 봉기에 이르기까지 다양했다. 그중 신속하게 진압되었지만 약 7만여 명의 희생자를 낸 1813년 천리교도天理教徒의 봉기와 1820년대에서 1830년대까지 청 왕조로부터 신장을 해방시키려 한 중앙아시아의 지도자 자한기르Jahangir의 성전聖戰이 주목할 만하다.[4]

보다 중요한 사건으로는 1796년부터 1804년까지 중국의 심장부를 뒤흔든 백련교도白蓮教徒의 난을 들 수 있다. 이 반란은 본래 인도의 종교였지만 중국의 일부 지역과 동남아에 널리 퍼졌던 미륵불교와 관련이 있다. 천년지복설千年至福說을 주장한 백련교는 자신들만이 임박한 새 시대의 질서에 적응할 수 있으리라고 믿었다. 중국의 불교 지도자들은 보통 전면적인 반란을 반대하고, 신자들에게 시대의 변화를 조용히 기다리라고만 가르쳤다. 그러나 그들도 때로는 신자의 직접적인 행동을 요구했는데, 이는 기근이나 홍수 등 자연재해를 당한 사람이나 무거운 세금에 분노한 사람 사이에서 특히 잘 받아들여졌다.[5]

가난한 산간 지역에서 무거운 세금에 대한 저항으로 일어난 백련교도의 난은 경제적으로 도탄에 빠진 백성이 일으킨 반란의 대표적 사례이다. 중국의 주요 민족인 한족이 중국의 통치권을 회수해야 한다는 반反만주족 정서와 한족 중심주의는 반란군 연합에 또 하나의 강력한 동기가 되었다. 일부 사람들은 청나라에서 멸망시킨 한족 왕조인 명나라를 회복할 수 있으리란 믿음으로 반란에 가담했다.

반란은 진압되었지만 많은 희생이 따랐다. 중국의 종교 운동을 연구한 한 저명한 역사학자의 말에 따르면, 청은 반란을 진압하는 데 "약 5년간의 수입에 해당하는 돈(은 2억 온스, 약 5,670톤)"을 소모했고, 전쟁터에서 숱하게 패배하면서 '무적 팔기군'의 명성도 크게 실추되었다.[6] 아편전쟁 발발 당시 청 왕조는 이미 여러 심각한 도전과 새로운 문제들, 수많은 반란으로 휘청거리고 있었다.

전쟁 이후 체결된 난징조약南京條約에 따라 영국은 홍콩을 본국 정부의 식민지로 삼아(그리고 나중에는 속령屬領으로 삼아) 1997년에 중국으로 반환할 때까지 자신들의 지배 아래에 두었다. 또한 영국은 그 밖의 여러 도시에 설치할 자치구에 필요한 상인과 선교사의 각종 권리를 보장받았고, 상하이를 비롯한 '조약항'의 개방도 청 정부로부터 승인받았다. 그 후 프랑스, 미국, 일본은 영국에 준 권리를 자신들에게도 달라며 무력으로 중국을 위협했다.

**태평천국운동은 무엇인가?**

태평천국운동(1848~1864)은 천년지복설을 내건 대규모 반란
으로, 19세기에 일어난 가장 중요한 사건 중 하나이다.

청은 국내에서 끊임없이 일어난 반란, 1840년대에서 1890년
대까지 벌어진 외교 갈등과 피할 수 없는 씨름을 계속해야 했
다. 이 시기에 발생한 가장 파괴적인 반란은 태평천국운동으로,
이 대규모 유혈 반란의 희생자 수는 같은 시기 미국 독립혁명
의 희생자 수를 뛰어넘는다.

태평천국운동의 지도자 홍수전洪秀全은 몇 차례의 과거 낙방
으로 낙담한 유생이었다. 그는 선교사들이 준 책자를 읽은 몇
년 후부터 신성한 목적의식으로 가득 찬 환상 때문에 괴로워했
던 것 같다. 그 환상 때문에 그는 자신이 예수의 동생이며, 만
주족을 몰아내고(그는 만주족을 악마, 짐승이라고 욕했다) 중
국을 기독교 국가로 탈바꾸는 사람으로 예정되었다고 확신했
다. 기독교에 대한 그의 독특한 견해는 대다수 외국인에게 괴
이하게 여겨졌다. 한때 그는 서구의 원조를 받기도 했지만, 외
세는 결국 태평천국운동에 대항하는 청 정부의 편을 들었다.

전쟁이 절정에 달했을 때, 맹렬한 반유교주의적 성격을 지

닌 홍수전(그는 여러 차례 시험에 낙방한 후 공자에 대한 존경심을 잃었다)이 통치한 영토의 크기는 프랑스와 맞먹을 정도였다. 그는 과거제도 시행을 비롯한 여러 면에서 이전의 왕조 창시자들과 비슷하게 행동했다. 태평천국의 과거제도가 기존과 다른 점은 과거 응시자가 청대 과거의 시험과목인 유교 경전과 그 주석서 대신 『성서』에 대한 그의 특이한 해석을 학습해야 했다는 것뿐이었다.

청나라는 1842년 이후에도 유럽 열강과 계속 전쟁을 치렀다 (1860년에 끝난 한 차례 전쟁에서 외국 군대는 청의 가장 화려한 궁전의 하나였던 원명원圓明園을 파괴했다). 그러나 19세기 후반, 중국에서 가장 중요했던 국제 분쟁은 조선을 누가 지배할 것인가를 놓고 일본과 벌인 전쟁이었다. 1894년에 발발한 이 전쟁은 1년 후 청의 패배로 끝났다. 아편전쟁은 청나라가 세계에서 가장 강력한 제국이라는 믿음을 약화시켰고, 청일전쟁은 동북아 지역에서조차도 중국이 더 이상 다른 나라보다 우세하지 않음을 보여주었다.

이 패배로 중국의 지식인들은 부강해진 일본처럼 중국도 서구의 사상과 제도를 폭넓게 받아들여야 하며, 개혁군주가 필요하다고 생각하게 되었다. 그 결과 1898년 '백일 유신'百日維新으로 알려진 정치, 교육 분야의 급진적인 제도 개혁이 시도되었다. 이 개혁은 용감했으나 실패로 끝났다. 제국의 보수 세력은 유신파에 대한 반격으로 황제를 가두었으나, 나중에 베이징대학교로 발전한 신식학교의 설립 등 개혁가들이 만든 일부 제도는 고스란히 유지시켰다.

황실 구성원과 일부 고집 센 유생의 지지를 얻은 보수파는 서구와 일본에 강한 무력이 있기는 하지만, 중국에는 그들보다 우수한 가치관과 그에 기초한 훌륭한 제도가 있다고 주장했다(비록 공자가 자신들을 지지할 것이라 주장한 창조적이고 개혁적인 유학자도 존재했지만).

청일전쟁 후 열강에 잠식된 중국을 풍자한 그림

## 의화단운동은 무엇인가?

중국 밖에서 많은 오해를 불러일으키고 있는 의화단운동義和
團運動(1899~1901)은 중국 북부에서 일부 젊은이가 중국의 기독
교인과 외국 선교사를 공격하면서 시작되었다. 그리고 그들이
베이징에 거주하던 서양인과 일본인을 55일간 인질로 잡아둔
1900년 여름, 사건은 새로운 단계로 접어들었다. 의화단을 진
압해야 할 폭도로 보는 관점과 지지해야 할 충성스런 백성으로
보는 관점 사이에서 갈팡질팡하던 청 왕조는 마침내 배후에서
그들을 지지하기 시작했고, 이로써 8개국 군대는 베이징을 포
위 공격했다.

외국 군대의 군사 보복으로 청나라 황실이 수도를 버리고 달
아난 1901년까지 이어졌던 위기는 그해 9월 서구 열강에 베이
징 복귀를 허락받은 청 왕조가 중국 북부에서의 짧은 피난을
마치고 신축조약辛丑條約(베이징의정서)을 체결함으로써 끝이 났다.
이 조약에는 외국인 희생자와 그들이 입은 피해에 막대한 보상
금을 지불한다는 조건이 포함됐으나, 침략군이 중국인에게 가
한 고통에 대한 보상 내용은 없었다.

이 조약의 또 다른 중요사항은 청의 지배권을 계속 지지할

것인가 하는 문제였다. 청 정부에 불만이 많았음에도 외세는 반청反淸 세력보다 불의한 조정을 옹호하기로 결정했다. 그 결과, 청 왕조는 위기에서 벗어나기 위해 서구 열강의 요구를 수용해 의화단이 청의 지지를 얻은 충성파가 아니라 청에 반대하는 역도逆徒라는 거짓말을 유포하기로 합의했다.

외국 군인에게 처형당하는 의화단원

# 의화단운동은 어떤 식으로
# 잘못 이해되었나?

의화단운동에 대한 서구의 오해는 잘못된 용어 사용에서 비롯된다. 의화단운동은 실제로 '반란'●이 아니었다. 왜냐하면 의화단에는 청 정부를 지지한 이들도 있었기 때문이다. 의화단운동은 왕조에 대한 불만이 아니라, 막대한 가뭄이 주는 고통과 중국에 불어닥친 기독교라는 질병을 제거하려는 열망에서 발생했다. 또 다른 오해는 의화단원에 의한 희생자 대다수가 외국인이라는 생각이다. 의화단원에게 가장 많이 희생된 사람은 중국인 기독교도였다.

더욱이 의화단원은 '주먹'만 믿고 날뛰던 사람들이 아니었다. '권비'拳匪(Boxer)라는 말은 영어권 언론이 지어낸 것이다. 이 단어는 일부 의화단원이 무술에 능하고, 서양의 총탄이 뚫지 못하도록 신체를 단련할 수 있다고 주장한 데서 유래했다. 그러나 양측 군대의 충돌이 격화되면서 의화단원은 종종 무기나 방어용 목판 등을 사용해 외국 군대에 대항했다.

---

● 영어권에서는 의화단운동을 'Boxer Rebellion'으로 부르는데, 이는 '권비
拳匪의 반란' 정도로 직역할 수 있을 것이다. 여기서 저자는 'Rebellion'(반란)이라는 개념의 사용에 문제를 제기하고 있다.

서구와 일본에서 의화단운동은 폭력적인 중국인 집단의 이야기로 알려졌다. 서구인은 총탄이 뚫지 못하도록 몸을 단련한 일이나 지방의 신神을 달래기 위해 철도를 파괴한 일과 같은, 의화단운동의 미신적인 측면을 부각시켰다.

의화단의 폭력과 미신이 때때로 비판을 받기는 했지만, 서구와 달리 중국에서는 의화단운동을 일으킨 백성의 불만에 초점을 맞추었다. 그러한 불만에는 수십 년 동안 중국에서 벌어진 외세의 영토 확장, 8개국 연합군의 침략 기간에 자행된 잔혹 행위와 국보國寶 약탈, 수천 명의 중국인에게 가해진 끔찍한 보복 행위 등이 포함되었다. 오늘날 중국에서는 신축조약을 굴욕적이고 부당하며 편파적인 조약 가운데 하나로 간주한다.

# 의화단에 대한 인식의 차이는
# 왜 문제가 되는가?

의화단운동의 유령은 오랫동안 중국과 외국의 상호 관계에 먹구름을 드리웠다. 중국과 서구 사이에 갈등이 있을 때마다 1900년도의 이 일은 어김없이 언급되었다. 그러나 의화단에 대한 서로 다른 관점 때문에, 그에 대한 쌍방의 주장 또한 접점을 찾을 수 없었다.

비교적 최근의 예로 1999년 5월에 나토NATO의 미사일이 유고슬라비아의 베오그라드에 소재한 중국대사관을 폭격해 세 명의 중국인을 숨지게 한 사건이 있다. 중국인 시위자들이 베이징 소재 영국대사관과 미국대사관에 돌을 던지고, 나토가 의도적으로 베오그라드에 있는 중국대사관을 목표물로 삼았다고 주장하며 난폭한 시위를 벌일 때, 몇몇 서방 언론은 이를 외국을 혐오하는 의화단주의라고 매도했다. 서방에서는 기사를 통해 그 일이 오폭에서 기인한 것임에도, 중국인이 또다시 비이성적으로 행동하고 있다고 주장했다.

그러나 일부 중국인은 1900년의 그 역사적 사실을 전혀 다른 방식으로 해석한다. 그들은 베오그라드 사태가 재차 중국을 위협하려는 서구의 의도를 명백하게 보여준다고 주장했다. 1900

Ⅰ. 과거

년과 1901년에 중국을 점령한 8개국 중 일부(예를 들어 영국, 미국, 프랑스 등)가 나토에 속해 있다는 사실은 의화단운동에 대한 중국인의 해석에 힘을 실어주었다.

의화단운동으로 인해 그간의 시도들이 너무 미약하거나 때늦은 것이었음을 깨달은 청 왕조는 급진적인 개혁을 위해 필사적인 노력을 기울였다. 그러나 청 왕조는 자국 군대의 산발적인 반란과 봉기로 1911년에 무너졌다. 최후의 황제가 폐위되고 중화민주공화국(이하 중화민국)이 성립되었으며, 쑨원孫文(손문, 1866~1925)은 1912년 1월 1일에 중화민국의 첫 번째 총통으로 추대되었다. 이후 중화민국은 타이완臺灣으로 영토가 축소되었지만 오늘날까지 명맥을 유지하고 있다.

중국의 초대 총통으로 선출된 쑨원은 서구 정치 지도자들을 자신의 본보기로 삼았고, 중국의 전제군주제와 관련된 모든 것이 역사 속으로 사라졌음을 서구 열강에 확신시키고자 노력했다. 그러나 다른 한편으로 그는 복고적인 각종 의례에 참석했으며 백련교도의 난 이래 지속적으로 청 왕조를 위협한 반만주적 성격의 한족 중심주의를 활용했다. 그는 명나라 황제들의 능을 방문하기도 했는데, 이는 그의 혁명이 전통을 거부하고 새로운 길을 개척하기보다는 북방 이민족 침략자에게 설욕하려는 성격이 강했음을 의미한다.[7]

해리슨 솔즈베리Harrison Salisbury의 베스트셀러 『새로운 황제들』은 중화인민공화국의 초기 수십 년간의 역사를 다룬 연구서이다. 그는 중화민국을 성립시킨 1911년의 신해혁명처럼 1949년 중화인민공화국의 수립 역시 하나의 왕조 순환으로 볼 수 있다고 주장했다. 다른 서양인 저자들도 제왕적이라는 표현으로 마오쩌둥 노선을 설명하곤 했다. 마오쩌둥은 그의 활동이나 일상생활이 철저하게 비밀에 붙여진 신격화된 정치인이었다(중무장으로 둘러싸인 중난하이中南海●는 지금도 자금성紫禁城 옆에 위치한다).

게다가 오늘날 중국에는 혁명 정신의 대변자임을 자처하는 이들의 진면목을 폭로하기 위해, 그들과 유사한 역사 속 이미지를 활용하는 현 정권에 대한 비판자가 존재한다. 예를 들어 1989년 천안문사건 당시 시위자들은 덩샤오핑을 '황제'처럼 묘사했고, 어떤 벽보에서는 그를 청 왕조 말 황제의 어머니이자 다른 황제의 숙모였으며, 조정에서 오랫동안 실질적인 지배자로 군림한 서태후西太后와 흡사하게 그려냈다(이 이미지는 1989년 당시 덩샤오핑이 최고 통치자였음에도 불구하고 총서기나

● 중국 베이징 시내에 위치한 명나라 초기의 인공호수로 명청 시대에 황실의 정원으로 사용되었다. 오늘날 호수 주변은 중국공산당중앙위원회와 국무원 등이 들어서 있어 일반인의 출입이 통제된다.

국가주석 또는 총리 등의 공식적인 직함을 갖지 않았다는 점에서 착안되었다). 또한 많은 중국인이 당내 고위 간부의 자제를 '소황제'小皇帝라 부름으로써, 그들이 누리는 불공정한 이득과 특권을 조롱한다.

이러한 현상은 과거와 마찬가지로 오늘날 중국이 고위층 인사나 그들 가족의 부패와 같은 정치 문제에 시달리고 있음을 보여준다. 그렇지만 이를 너무 심각하게 받아들여서는 안 된다. 타이완에서 장제스가 총통의 지위를 자신의 아들에게 물려주는 데 성공했던 것이나 그와 비슷하게 미국에서 부시 부자父子가 공정한 절차를 통해 대통령 지위에 올랐던 것과 달리, 중화인민공화국의 지도자 가운데에서는 어떤 이들도 혈연으로 묶였던 적이 없다. 그리고 이제껏(또는 적어도 마오쩌둥 시기 이래) 집단지도체제를 고수한 중국공산당의 최고 지도자 구성원도 친족 관계로 얽힌 경우는 없었다. 즉 지금 중국공산당 지도자들은 과거 어느 왕조와도 확연히 다른 방식으로 권력을 분할하고 있다.

오늘날 중국은 많은 면에서 전제군주 시기의 중국과 다르다. 중화인민공화국은 장점보다는 결점이 많았던 과거의 패턴을 되풀이하지 않으려 애쓰고 있다.

왕조 순환이나 천명과 같은 개념의 가치는 여전히 중국인의 마음속에 깃들어 있다. 다음 장에서 살펴보겠지만 공산당 지도 자들이 우려하는 민간종교나 자연재해 등의 문제는 지난날 천명의 유지와 관련해 황제를 근심에 빠뜨렸던 여러 문제와도 흡사하다.

# 3

# 혁명과 혁명가

쑨원은 중화민국 건국의 아버지로, 수년 간 중국의 몇몇 교과서에서 미국의 조지 워싱턴에 비견하는 인물로 일컬어졌다. 타이완해협을 사이에 두고 대륙과 타이완은 그간 쑨원을 영웅으로 인정하는 데 이견을 보이지 않았다. 중화인민공화국에는 그의 이름을 딴 거리들이 있으며, 특히 천안문광장天安門廣場 부근의 눈에 잘 띄는 곳에는 그의 초상화가 걸려 있다. 중화민국에서는 적어도 국민당이 처음으로 다른 정당에 정권을 넘겨준 2000년 이전까지만 하더라도,● 모든 주요 정치 행사에서 핵심적인 상징 인물이었다. 이렇듯 정치적 입장이 서로 다른 두 지역이 모두 쑨원을 각별하게 우대한 이유는 그가 청 왕조의 타도를 위해 세력을 규합했고, 국민당을 처음 조직했을 뿐 아니라 국민당과 공산당 간의 제1차 국공 합작(1924~1927)을 중재했기 때문이다.

대륙에서 영웅시되는 공산당원이 타이완에서는 보통 악당으로 간주되고 대륙 또한 국민당을 적대시해왔던 까닭에 중국혁명사에서 쑨원의 지위는 독보적이라 할 수 있다. 한편 강렬한 민족주의와 개방적인 세계주의를 통합한 그의 절충된 이데올

● 민진당民進黨의 천수이볜陳水扁이 타이완 총통에 당선됨으로써 중화민국 최초로 정권 교체가 이루어진 2000년도를 말한다.

로기 역시 독특한 것이었다.[1]

젊은 시절, 쑨원은 홍콩에서
의학을 공부했으며 해외 여러
지역을 여행했다. 또한 실패에
그치긴 했지만, 진보적인 사상
을 지닌 청 왕조 관료들의 관
심을 끌기 위해 개혁에 대한
구상을 발전시키기도 했다. 쑨

쑨원

원이 개혁가에서 혁명가로 바
뀐 시기는 청나라에 반대하는 비밀결사에 가담한 1890년대 무
렵이다. 1905년 일본에 머물면서 그는 나중에 국민당으로 발전
한 중국혁명동맹회(이하 '중국동맹회')를 설립했다.

1911년 10월, 훗날 신해혁명으로 불린 봉기들이 발발했을
때 그는 자신의 정치적 모험을 위해 미국에서 모금 활동을 벌
이고 있었다. 하지만 그와 동맹을 맺은 단체들이 혁명에 가담
했고, 그 역시 혁명 후 곧바로 중국으로 귀국해 공화국 수립에
결정적인 역할을 했으므로, 나중에 그는 혁명의 '지도자'로 인
정받게 되었다.

## 총통이 된 후 쑨원에게
## 무슨 일이 일어났나?

위안스카이袁世凱(원세개)는 쑨원이 집권한 지 불과 1년 만에 그를 권좌 밖으로 몰아냈다. 청 왕조의 관리이자 장군이었던 위안스카이는 청 왕조를 배반하고 혁명 세력에 가담했다. 1912년, 그는 쑨원에게 혁명 세력을 지지하는 대가로 총통의 지위를 자신에게 넘기라고 요구했다. 신속하게 국가 지도력의 회복과 권력 기반 강화를 시도했음에도 불구하고, 쑨원은 미약한 군사력으로 인해 결국 위안스카이에게 지위를 양보해야만 했다.

쑨원은 중국의 통치권을 되찾고자 무리하게 노력하지 않았다. 그가 사망한 1925년까지 중국은 잇따라 등장한 여러 군벌에 의해 통치되었다. 그러나 그가 세운 국민당은 그의 계승자인 장제스의 지휘 아래 20년 동안 중국대륙을 통치했고, 이후에도 타이완에서 반세기 넘게 통치를 이어갔다.

## 군벌 시대란 무엇인가?

위안스카이의 권력 찬탈은 군벌 시대를 초래해, 이후 15년간 여러 군벌이 연달아 총통으로 추대되었다. 그러나 실상 그들은 국가의 통치권을 서로 나누어 가진 것에 불과했다.

각 군벌은 자신의 군대에 의존해 국가의 일부분을 효과적으로 통제했다. 위안스카이와 마찬가지로 어떤 군벌은 황제가 되어 새로운 제국을 설립하려 했다. 그들 중 어느 누구도 군주제 회복에 성공하지 못했지만, 겉으로만 존재했던 일부 공화주의적 요소를 제외하면 이 시기는 여러 면에서 청대 말기로의 회귀적 성격을 띠었다.[2]

군벌들은 신해혁명의 유산을 내팽개친 후 여러 가지 도전에 직면했다. 쑨원은 광저우에 여러 기구를 설치하고 중국동맹회를 국민당으로 재편했다. 그가 국가 통치권의 회복을 위해 노력하는 동안 지식인들은 군벌 통치의 종식을 요구하는 한편, 혁명의 청사진을 다시 만드는 데 도움이 될 만한 아이디어와 전략을 중국 밖에서 끌어오려 했다.

특히 베이징과 상하이의 급진적인 교사와 학생은 지적 탐구면에서 큰 활약을 펼쳤다. 그들은 외국 이론과 문학으로 새로운 문학적, 정치적 실험을 감행했다. 그러나 그들의 가장 중요한 집단행동은 외세(특히 일본)의 영토 점거와 경제 침탈에 굴복한 군벌에 대한 불만에서 비롯되었다. 그 가운데 가장 중요한 운동이 진보적 학생과 교수가 선두에 서서 반군벌, 반제국주의를 외친 5 · 4운동이었다.

이 정치투쟁은 이전에 문화적 논쟁을 야기한 반유교적 성격의 신문화운동과 연관이 있었다. 신문화운동은 중국을 진정으로 변화시킨 여러 운동 가운데 하나이다. 1919년 5월 4일, 나중에 천안문광장으로 불리게 되는 곳에서 일어난 그 운동은 제

1차 세계대전 이후 파리강화회담 기간에 있었던 서구 열강의 중국에 대한 부당한 대우에서 비롯되었다.

이 회의에 참가한 동맹국들은 전쟁의 결과로 모든 민족이 자기 운명의 결정권을 갖게 되었고, 독일의 패전으로 제국주의 시대가 끝났다고 역설했다. 다소 늦게나마 동맹국에 가담한 중국은 그 회담에서 과거 독일이 점령한 중국 영토 일부를 되돌려 받을 수 있으리라 여겼다. 그러나 회담국들은 베르사유조약에 의거해 그 영토를 일본에 할양했고, 이 결정에 대해 군벌정부도 투쟁하거나 항의할 뜻이 없는 듯했다. 이러한 상황에 중국 학생들의 불만은 엄청나게 증폭했다.

1919년 5월 4일, 학생들은 무리 지어 베이징을 행진하며 산둥山東을 중국에 반환하고 부패한 친일 관리 세 명을 해임하라고 정부에 요구했다. 학생들은 이 세 관리 중 한 명의 집을 파괴했고, 체포되거나 구타당한 학생 가운데 한 명이 심각한 부상으로 결국 사망했다. 예로부터 지식인을 존경했던 중국인들은 이 사건을 계기로 시위에 적극 가담하기 시작했다.

그해 6월 초, 주요 금융 및 상업 지구를 무력화시킨 파업이 상하이에서 발생하자 5·4운동은 정점에 달했다. 이 파업이 성공하면서 5·4운동은 시위대의 승리로 막을 내렸다.

베르사유조약의 효력은 변함이 없었지만, 최초 시위 중에 체포된 학생들은 모두 석방되었고 세 명의 부패 관리는 모두 파면되었으며, 파리강화회담에 참석한 중국인 대표단은 조약문에 서명을 거부했다.[3]

## 5·4운동 시기에 가장 중요한
## 급진적 작가는 누구인가?

5·4운동 기간에 지적인 동요를 일으킨 작가는 많이 있으나, 가장 방대하고 중요한 문학적 유산을 남긴 이는 루쉰魯迅이다. 논쟁의 여지가 있겠지만 그는 1900년대 초기에 활동한 중국인 작가 가운데 가장 중요한 인물이라 할 수 있다. 그의 작품은 서구에 그다지 잘 알려져 있지 않다. 그러나 그의 소설들이 펭귄 클래식 시리즈에 포함되면서, 그의 명성은 점차 서구인에게도 퍼지고 있다. 루쉰은 다양한 영역을 아우르는 글쓰기와 빼어난 문장력으로 자신의 중요성을 인정받았다. 그는 에세이스트로서, 그리고 신랄한 반유교적 우화인 「광인일기」狂人日記와 중편소설 「아Q정전」阿Q正傳 등을 창작한 작가로서 대단한 성과를 이루었다(「광인일기」는 인간의 영혼을 파괴하는 중국의 전통 가치를 비판했고, 「아Q정전」은 모든 것을 바꾸겠노라 선전했지만, 정작 백성을 괴롭히는 지방 관리의 관직명 외에는 아무것도 바꾸지 못한 신해혁명을 조소했다).

특히 루쉰의 저작은 중국에서 통용되는 여러 정치 용어를 만들어냈다는 점에서도 중요하다. 예를 들어 그가 고안한 '아Q정신'●과 같은 단어는 이후 중국에서 지속적으로 사용되었다.

● '정신승리법'을 말한다. 아Q는 자신의 실패나 패배를 인정하지 않고 그것들을 성공이나 승리로 여김으로써 만족감과 안도감을 느낀다. 루쉰은 아Q를 중국인 전체에 대한 알레고리로 삼아, 중국의 당면 위기를 전통 문명의 우월성으로 은폐하거나 문제의 원인을 자신이 아닌 외부에서 찾으려는 중국인의 그릇된 태도를 비판했다.

루쉰

따라서 루쉰에 대해 무지한 사람은 중국의 몇몇 정치적 논쟁을 이해하기 어렵다. 루쉰은 고골이나 니체 등 다양한 서구 작가와 비교되곤 하지만(고골은 그에게 영감을 나누어준 작가이고, 어떤 연구자는 루쉰을 중국의 '신사적인 니체'라 불렀다), 정작 그와 가장 비슷한 작가는 바로 오웰이다. 오웰에 대해 친숙하지 않은 사람들은 'Big Brother'(독재자)나 'Newspeak'(정치선전용의 모호하고 기만적인 용어) 등『1984』에 나오는 어휘를 사용한 영문 사설을 이해하기 힘들 것이다. 마찬가지로 '아Q'나 '식인 풍습' 등 루쉰이 전통 가치를 비판하기 위해 사용한 개념의 의미를 모른다면 중국 내 정치 논쟁에서 일부 미묘한 부분을 이해하기란 쉽지 않을 것이다.

루쉰의 또 다른 중요성은 그가 일생 동안 우익과 좌익의 독단주의로부터 거리를 두었고, 국민당과 공산당 어느 당파에도 가입한 바 없지만 중국공산당에 호감을 가졌다는 데 있다. 이러한 이유로 마오쩌둥은 루쉰을 혁명의 성인聖人으로 격상시켰다. 그러나 마오쩌둥도 인정했듯 루쉰이 만약 1949년까지 생존했다면, 그는 새로운 정권에 비판당했을지도 모른다. 그가 일찍 사망함으로써 중국공산당은 그를 정권의 목적에 맞게 이용할 수 있었다. 그의 소설들은 20세기 전반에 나온 중국 소설 가운데 거의 유일하게, 1950년대에서 1970년대 사이의 전 기간 동안 중국에서 자유로이 출판되고 읽힐 수 있었다.

조지 오웰

루쉰과 오웰의 또 다른 유사성도 주목할 만하다. 오웰 역시 루쉰과 마찬가지로 평생 모든 위선적인 '이념'에 반대했지만, 사후에 안타깝게도 냉전 시기 우파의 반공 정책에 활용되어 단순한 선전 캐릭터로 전락하고 말았다.

중화인민공화국에서 기념하는 5·4운동 시기의 인물이 루쉰만은 아니다. (마오쩌둥을 비롯해) 후일 중화인민공화국의 지도자가 된 많은 사람이 1919년의 투쟁과 연관되어 있다. 공산당은 정권 획득 후 5·4운동을 중국공산당 창당에 기초를 닦아준 운동으로 평가하고, 애국청년을 찬양하는 국가기념일로 지정했다.

수많은 청년에게 혁명 유산을 회복할 수 있다는 영감을 준 1919년의 정치운동이 중국공산당의 창당에 결정적 역할을 한 것은 분명하지만, 1917년 러시아혁명 또한 중국공산당 창당에 큰 영향을 미쳤다. 신문화운동을 이끈 가장 중요한 잡지『신청년』新靑年은 러시아혁명의 중요성을 찬양했고, 중국의 급진주의자들이 무정부주의로 기울어지자 중국인은 마르크스주의에 커다란 관심을 보였다.

중국공산당이 창립된 해가 1920년인가, 1921년인가 하는 문제는 여전히 이견이 있다. 전자는 나중에 중국공산당의 주요 지도자가 될 사람들이 중요한 모임을 연 해이고, 후자는 중화인민공화국이 공식적으로 인정하는 중국공산당 성립의 해이다. 양측은 모두『신청년』의 발기인이자 러시아 '볼셰비즘의 승리'를 예찬한 리다자오李大釗와 마오쩌둥의 정신적 스승이자 1919년 시위에서 학생들의 참가를 독려한 천두슈陳獨秀 등 베이징의 급진적 교수가 초기 중국공산당의 중심인물로 포함된다. 한편 그 밖의 초기 공산당 구성원에는 5·4운동에 참가했던 마오쩌둥과 저우언라이周恩來, 남편에 비해 덜 알려져 있지만 중화인민공화국에서 수십 년 동안 큰 영향력을 발휘한 저우언라이의 아내 덩잉차오鄧穎超 등이 있다.

중국 현대사의 중요 인물
왼쪽부터 장멍린蔣夢麟, 차이위안페이蔡元培, 후스胡適, 리다자오李大釗

→ → → 혁명과 혁명가

러시아혁명은 중국의 혁명가에게 중요한 영감을 제공했다. 러시아혁명은 사회 평등을 주장했을 뿐만 아니라, 산업화 대열에 뒤처진 국가에서 발생했기 때문이다. 5·4운동 참가자들은 유교적 계층 질서를 반대하는 한편 중국의 위대한 과거의 회복을 열망했다. 그들은 오로지 러시아만이 자신들이 열망하는 국가의 개혁과 국제적 지위 향상의 방법을 가르쳐줄 수 있으리라 믿었다.[4]

# 제1차 국공 합작은 무엇인가?

군벌 타도와 반제국주의 투쟁을 위해 쑨원이 '국공 합작'을 제안하기 전까지, 중국공산당의 정치적인 영향력은 그리 크지 않았다. 쑨원은 제국주의 열강에 대한 소련의 비판과 철저히 훈련된 진보 세력이 국가 발전에 중요한 역할을 담당해야 한다는 레닌의 주장에 매료되어 있었다. 막 출범한 중국공산당의 구성원들은 쑨원의 제안을 선뜻 받아들였지만, 청년 마오쩌둥을 비롯한 몇몇 사람은 한동안 각각 양당 안에서의 지위를 고수하려 했다.

1924년에서 1927년까지 지속된 양당의 합작은 나중에 있게 될 두 번째 합작과 구분하기 위해 '제1차 국공 합작'으로 불린다. 1925년 두 정당이 일으킨 최초의 중요한 대중운동인 5 · 30운동은 5 · 4운동의 부활로 여겨졌다. 그러나 경찰은 주요 외국 조계지에서 시위하던 중국인을 향해 발포함으로써 사태를 걷잡을 수 없이 확대시켰다.

이전의 5·4운동과 마찬가지로 반제국주의 투쟁인 5·30운동은 일개 도시에서 촉발되어 전국으로 확대되었고, 나중에는 중국 최대의 상업도시인 상하이를 마비시켰다. 그 운동은 5·4운동만큼 많은 목표를 달성하지는 못했다. 외국인 사업장 내 중국인 노동자의 단체교섭권 쟁취와 조약항 안의 모든 외국인 조차지의 반환은 끝내 이루어지지 않았다. 그러나 활동가들의 선전과 대중 동원으로 국민당과 공산당 양측은 다수의 새로운 지지자를 얻게 되었고, 특히 공산당은 중국 정치계에서 무시할 수 없는 세력으로 성장했다.[5] 이와 같은 국공 양당의 성장은 북벌 전쟁과 군벌 통치의 종식에 중요한 발판을 제공했다.

북벌 전쟁은 1926년 쑨원의 남쪽 근거지인 광둥성廣東省에서 시작되었다. 장제스의 지휘를 받은 국공 연합군은 1926년 초에 베이징을 향해 이동을 개시해, 지방 군벌들과 벌인 여러 전투에서 승리를 거두었다.

1927년, 상하이의 중국 측 관할 지역(다른 조약항과 마찬가지로 상하이의 일부 지역은 외국인의 지배를 받았다)은 공산당이 이끄는 노동자 투쟁에 힘입어 장제스 군대가 상하이에 입성하기도 전에 간단히 북벌군의 수중에 떨어졌다.

1925년, 쑨원이 사망한 후 국민당의 수장이 된 장제스는 1927년에 상하이 인근의 난징南京을 점령하고 이 도시를 공화국의 수도로 정했다('남방의 수도'를 의미하는 난징은 과거에도 몇몇 왕조의 수도였다). 그리고 이듬해에 장제스의 세력은 '북방의 수도'를 의미하는 베이징을 점령한 후 정치적 중심을 남쪽에 유지하려는 의도에서 이 도시의 명칭을 베이핑北平으로 바꾸었다.6

장제스가 '대원수'라 불린 이유는 그가 북벌 세력의 지휘자이기도 했지만, 그의 군사적 배경과 태도 때문이기도 했다. 이 불가사의한 인물은 혁명에 투신하기 전 '청방'靑幇(상하이에 기반을 둔 강력한 범죄 조직)과 관련된 비밀 조직에 몸담았고, 일본에서 군사 교육을 받기도 했다.

그는 혁명 활동을 통해 쑨원과의 개인적 인연을 발전시켰다. 그러한 인연은 장제스가 쑹메이링宋美齡과 결혼하면서 더욱 특별한 성격을 띠었다. 미국에서 유학한 기독교도 쑹메이링은 쑨원의 아내 쑹칭링宋慶齡의 여동생이었다(쑹칭링은 공식적으로 공산당에 가입한 적은 없지만, 1949년 이후에도 계속 중국대륙에 남아 정부의 고위 관료로 활동했다).•

군사전략가로서의 재능 외에도 '장제스 대원수'는 국민당의 정치 문제를 처리하기 위해 동맹 세력 규합에 역량을 발휘했다. 물론 그에게 그것은 매우 복잡한 문제였다. 몇몇 사람은 그가 국민당의 지도자로서 쑨원의 유지를 받들어야 한다고 보았기 때문이다.

중국 혁명의 대의가 국공 합작을 통해 가장 잘 이루어질 수

● 쑹칭링은 1959년부터 1972년까지 중화인민공화국 부주석을 역임했으며, 이 중 1968년부터 1972년까지는 둥비우董必武와 함께 공석인 중화인민공화국 주석을 대행했다. 1981년에는 중화인민공화국 명예주석에 임명되기도 했다.

있다는 쑨원의 신념을 장제스가 제대로 이해했는지는 분명하지 않다. 그러나 1926년경에 이르러 장제스는 국공 합작을 실수라고 느꼈고, 1927년 4월에 청방의 도움을 얻어 상하이에서 중국공산당에 대한 잔혹한 숙청 작업을 감행했다. 즉 북벌 세력이 상하이의 중국 측 관할 지역을 점령하는 데 큰 도움을 준 바로 그 사람들을 감옥에 가두거나 살해한 것이다.

그러한 이유로 장제스가 1975년에 사망할 때까지 중국공산당은 그를 중국의 미래에 가장 큰 위협이 되는 인물로 간주했다. 장제스는 국민당과 공산당의 연합만이 중국을 구원할 수 있다고 믿은 한 군벌●●에게 1936년 시안西安에서 인질로 체포된 후 협박에 못 이겨 제2차 국공 합작에 합의했다. 그러나 그의 반공산주의적 성향은 뿌리 깊었다. 그는 일본이 단지 '피부병'이라면 공산주의자는 중국의 생존에 더 큰 해가 되는 '심장병'이라고 믿었다.

장제스와 쑹메이링

●● 만주 군벌 장쭤린張作霖의 아들이자 국공 내전 때 장제스의 부하였던 장쉐량張學良을 말한다. 시안사변西安事變으로 불리는 이 사건으로 장쉐량은 장제스의 국민당 정부에 의해 연금 조치를 당했다가 1990년 그의 생일에 풀려난다. 그는 2001년 미국에서 103세의 나이로 사망했다.

1927년에 벌어진 장제스의 '백색테러'는 중국공산당을 제거하는 데 거의 성공할 뻔했다. 그러나 공산주의자들은 자신들을 완벽하게 제거하려는 시도가 불가능하다는 사실을 증명했다.

일부 공산당원은 국민당의 공격을 피해 국민당이 장악한 도시에 지하 조직을 구축하였고, 다른 이들은 농촌 근거지로 도피했다. 1930년대 초, 장제스는 수차례에 걸쳐 그들의 근거지를 포위 공격함으로써 남은 주요 공산주의자들을 섬멸하고자 노력했다. 한편 중국공산당은 이러한 위기를 벗어나기 위해 중국 남부의 장시성江西省에 위치한 임시 근거지를 포기하고, 중국 북부를 향해 '장정'長征으로 잘 알려진 고된 여정을 개시했다.

1934년에서 1935년 사이에 이루어진 이 장정은 공산당이 산시성陝西省에 새로운 근거지를 마련함으로써 종결되었다. 그 근거지들 중에서도 '옌안'延安은 특히 유명하다. 대담한 토지 재분배 운동을 비롯해 그곳에서 그들이 시행한 정치 실험은 수많은 가난한 중국인과 그들을 방문한 몇몇 서구인에게 커다란 감명을 주었다. 중화인민공화국의 공식 역사에서 장정은 신화적인 비중과 중요성을 지닌 사건으로 다루어진다. 게릴라 부대를 낙

서방 기자 최초로 장정을 취재해 마오쩌둥을 서방에 알렸던
기자 에드거 스노Edgar Snow와 마오쩌둥

오시키지 않으면서도 월등한 화력의 국민당군을 피해 6천 마일(약 9,700킬로미터)이나 되는 험난한 지형을 이동한다는 것은 도저히 상상하기 어려운 일이니 말이다. 1년 동안 18개의 산맥과 24개의 강을 통과했을 때, 최초 장정에 참가했던 8만 6천 명 중 생존자는 고작 8천여 명에 불과했다.7

　장정이 실패했다면 중국공산당은 중국정치사에서 어떠한 역할도 수행하지 못했을 것이다. 그러나 장정은 또 다른 중요한 결과를 낳았다. 마오쩌둥은 바로 이 역사적 탈출을 통해 공산당 내의 최고 지위를 공고히 다졌다. 그의 게릴라 전술은 국민

당과의 투쟁에서 최선의 전술로 인정받았다. 비록 그가 1940년대 초중반에 (사실상 숙청 작업인) '개조 작업'●을 벌여 장정을 함께한 그의 몇몇 동료에게서 등을 돌렸지만, 1930년대 이래로 마오쩌둥의 가장 절친한 협력자들은 모두 장정의 참가자였다. 공산당 지도자들 중 1930~1940년대에 옌안과 같은 공산당 지역이 아닌 국민당 지역의 지하에서 활동함으로써, 마오쩌둥의 직접적인 영향력으로부터 멀리 떨어져 '부르주아적'이고 '퇴폐적'인 도시의 유혹에 사로잡혔던 경우를 보자. 그들은 1949년 이후에 보다 쉽게 정치적 불순함을 이유로 비난받았고, 문화대혁명 시기에 마오쩌둥에게 충성을 맹세한 홍위병紅衛兵과 대중에 의해 주자파走資派●●로 몰리게 되었다.[8]

● 1942년에서 1944년 사이에 마오쩌둥에 의해 대대적으로 이루어진 '정풍운동'整風運動을 말한다. 이는 전체 당원의 자아비판과 사상 무장을 강화할 목적으로 시행되었고, 이를 통해 마오쩌둥의 노선은 중국공산당의 중심 노선으로 자리 잡는다.
●● 자본주의를 추구하는 세력이라는 뜻.

1931년 만주사변으로부터 시작된 일본의 중국 침략은 중국에 쓰디쓴 기억을 남겼다. 특히 이와 관련해 가장 중요한 사건은 1937년 말에서 1938년 사이에 발생한 난징대학살이다. 최근 미국에서 이루어진 한 연구 조사에 따르면, 짧지만 무시무시했던 이 기간 동안 난징에서 "대략 20만 명에서 30만 명에 달하는 중국인이 살해되었"고, 일본군에게 "2만 명에 이르는 여성이 강간당했다."[9]

  일본의 전면적인 침략(그와 같은 잔혹 행위는 중국 여러 지역에서 자행되었다)과 난징에서의 참극은 현재까지도 중국과 일본의 관계를 지속적으로 냉각시키고 있다. 비록 일본정부에서 공식적으로는 1930~1940년대의 침략을 뉘우치고 있고 제2차 세계대전 당시 독일과 벌인 만행을 모두 부정하지는 않지만, 난징대학살을 대수롭지 않게 생각하는 일본 역사 교과서를 승인함으로써 양국 관계는 여전히 불편한 상태이다.

난징대학살

마오쩌둥이 장제스에게 승리를 거둘 수 있었던 원인은 여러 가지가 있다. 제2차 세계대전 시기에 공산주의자는 헌신적인 애국자의 이미지로 국민의 뇌리에 각인되었다. 1937년부터 국민당과 공산당은 공동으로 일본과 싸웠지만, 많은 중국인은 공산당이 국민당보다 더 열정적으로 제국주의에 맞섰다고 여겼다. 국민당은 고질적인 부패에 시달렸고, 공산당을 일본과 같은 위협 세력으로 여겼기 때문에 공산당과 같은 좋은 평판을 얻을 수 없었다.

　일본이 마침내 항복을 선언했을 때 많은 사람이 곧 평화와 안정의 시기가 오리라고 기대했다. 그러나 실상은 그렇지 않았다. 국민당과 공산당 사이의 불안한 연합 관계는 일본의 항복 선언 후 채 몇 달도 지나지 않아 완전히 붕괴되었다. 국공 내전은 일제의 패망과 거의 동시에 발발했다. 이 전쟁은 인민해방군으로 불린 마오쩌둥의 홍군紅軍이 상하이와 베이핑(이 도시는 공산당에 의해 재차 베이징으로 명명되었다)을 포함한 주요 도시를 장악하고 베이징을 중국의 수도로 정한 1949년까지 계속되었다.

국공 내전 기간 동안 공산당은 대규모 총력전은 농촌 지역에서, 선전과 시위를 통한 상징적인 투쟁은 도시에서 수행했다. 공산당은 농민에게 토지 재분배를 약속했고, 공산당 통치 지역에서 수년간 실시한 대담한 토지 개혁 프로그램(지주의 재산은 몰수되었고, 그들 중 일부는 괴롭힘을 당하거나 살해되었다)은 커다란 지지를 얻었다. 한편 관료의 부패와 내분, 정부의 지나친 통제 정책과 도시 내 시위에 대한 탄압, 미국에 대한 장제스의 지나친 의존 등의 문제로 국민당은 많은 도시 지식인에게 외면당했다.

소련과 미국은 심리적 동요 속에서도 각각 공산당과 국민당을 지원함으로써 냉전의 발발을 예고했다. 장제스는 마오쩌둥의 승리가 소련정부의 지원에 힘입은 것이라고 주장했지만, 1940년대 말 장제스가 국가를 효과적으로 통치하지 못했음은 분명한 사실이다. 이를 잘 보여주는 예는 국민당 통치 지역 사람들을 경악시킨 통제 불능의 인플레이션이다. 이 시기 국민당 지역의 도시 거주자들은 쌀을 사기 위해 거의 종잇조각이나 다름없는 화폐를 한 수레나 날라야 했다.[10]

국민당에 대한 지식인의 혐오는 1940년대 말에 이르러 절정에 달했다. 반면 이 시기에 공산당은 노동자와 농민 사이에서 모든 인민의 이익과 모든 계급의 요구를 대변하는 조직으로 알

중화인민공화국의 수립을 선언하는 마오쩌둥

려졌다. 공산당의 승리가 많은 사람의 환영을 받았다는 점은 틀림없는 사실이며, 1949년 중화인민공화국 수립을 표현하기 위해 공산당 언론에서 사용한 '해방'이라는 단어는 오늘날까지도 통용되고 있다. 실제로 많은 사람이 아직도 '해방'의 느낌으로 그해를 기억하고 있다. 비록 지주들은 공산당의 통치를 환영하기보다는 두려워했고 그 밖의 여러 집단도 국가의 변화에 금세 불안을 느꼈지만, 1950년대 초 국가가 안정되고 생활수준이 향상되면서 많은 이가 중국이 긍정적인 방향으로 나아가고 있다고 느꼈다.

**중화인민공화국에서 대중운동은**
**어떤 역할을 했나?**

중화인민공화국 수립 후 첫 10년 동안 대중운동은 일상생활에서 중요한 일이 되었다. 새로운 정책의 선전과 시행에 활용된 대중운동은 마오쩌둥 사후 2년간 화궈펑이 정권을 유지하는 데에도 중요하게 작용했다. 화궈펑이 실각하고 1978년에 덩샤오핑이 권력을 획득하면서 그다지 일상적이지 않게 되었지만, 대중운동은 개혁개방 시대(1979~현재)인 오늘날에도 여전히 중요하다.

대중운동의 내용은 매우 다양했으나, 형식은 줄곧 단순했다. 고위 관료는 연설을 통해 정책을 선전하고, 주요 신문의 사설에서는 운동의 목표를 간략하게 설명한다. 거리와 건물에는 핵심 표어가 적힌 현수막이 걸린다. 그리고 당과 지역주민단체의 대표자(후자는 특히 중화인민공화국 초기에 사회기층에서 권위를 행사한 중요한 사람들이다), '단위'(직장)의 장長(많은 사람이 '단위'에서 제공한 주택에서 생활한다)은 사람들을 집회나 행사에 참석하도록 유도한다. 때로는 사회에 해로운 생각을 표현한 사람이나 활동이 비판의 대상으로 지목되기도 한다. 당의 최고위 관료의 지시에 따라 수행된 초기 대중운동은 인민에게 혁명을 강요하

거나 승리를 베풀기보다는 당의 목표인 인민의 점진적인 자기 해방을 유인하기 위한 노력의 일환이었다.[11]

초기의 중요한 대중운동 가운데 토지 재분배를 목표로 지주를 비판하고 그들에게 언어적, 신체적 폭력을 가한 토지개혁 운동이 있다. 이 대중운동은 1949년 이전 중국공산당 통치 아래의 옌안과 그 밖의 지역에서도 실시되었지만, 1950년 '신혼인법'新婚姻法과 함께 사람들에게 선전되고 호응을 얻으면서 비로소 전국적인 운동이 되었다.

가족 중심의 유교 관념, 과부의 순결 요구, 여성의 신체를 제약하는 전족, 남성만이 응시하는 과거제도 등이 상징적으로 보여주는 여성에 대한 봉건적 편견을 놓고 볼 때, 신혼인법은 새로운 정권이 가장 먼저 제정해야 할 중요한 법안이었다. 성별과 가족 관계를 다시 설정하려는 이 중요한 운동은 국민당의 공화정 시기(1912~1949)에도 있었다. 신해혁명 발발 직후 여성에게도 투표권이 주어졌지만 커다란 희생을 치른 이 승리는 군벌에 의해 재차 무용지물이 되었다. 다만 전족은 점점 부당한 것으로 간주되어 더 이상 일반적으로 행해지지 않게 되었다. 그러나 장제스 집권 후 다분히 전통적인 방식으로 해석된 유교 중시는 남녀평등의 길을 가로막았다.

가족의 연장자가 결혼 상대의 중요 결정자가 아니며 남녀가 동등하게 대우받아야 한다는 새로운 결혼 제도는 공산당에 공동체 내부의 사회적, 정치적 관계를 변화시킬 강력한 수단이자 새로운 질서의 도래를 알리는 신호탄으로 여겨졌다. 그들은 이러한 혁명이 지역 악질분자의 힘을 빼앗는 것 이상의 성과를 거둘 수 있으리라 믿었다.[12]

신혼인법은 (가족 내 연장자의 결정이 아니라) 결혼 당사자 사이의 자유로운 의사 결정과 결혼 후 남녀가 법에 의해 동등하게 대우받아야 한다는 생각을 존중했다. 옛 제도에서는 남성이 여성보다 더 쉽게 이혼을 요구할 수 있었지만, 이제 남녀는 이혼에서도 동등한 권리를 갖게 되었다. 하지만 1949년 이후의 결혼 풍속도가 보여주듯, 과거에 조상들의 초상화가 놓였던 자리에는 새로이 마오쩌둥의 초상화가 놓였고, 커플은 남편의 부모에게 절하듯 마오쩌둥의 초상 앞에서 절했다. 신혼인법이 이런 것을 공식적으로 요구하지는 않았지만, 법적 남녀평등이라는 성과가 낳은 한 가지 상징적인 변화는 결혼 예식에서 당이 남편의 가족을 대체했다는 점이었다.

한국전쟁에 참여하기 위해 압록강을 건너는 중국군

　한국전쟁이 발발하자마자 중국공산당은 '미국에 대항해 북한을 돕는다'는 뜻을 지닌 항미원조抗美援朝 운동을 통해 구국救國 정당이라는 평판을 더욱 공고히 다지려 했다. 냉전 시기의 첫 번째 '뜨거운 전쟁'으로 소련의 동맹국과 미국의 동맹국 사이에 벌어진 한국전쟁은 결국 휴전 상태에서 종료되었고, 공산주의 정권인 북한과 비공산주의 정권인 남한의 대립은 현재까지도 지속되고 있다. 중국이 북한에 대규모 군대를 파병한 이 전쟁에서 마오쩌둥은 자신의 아들을 포함해 다른 어느 나라 군대보다도 많은 희생자를 냈다. 그러나 마오쩌둥은 중국이 이 전쟁에서 엄청난 승리를 거두었다고 주장했다.

마오쩌둥에 따르면 그 '승리'는 한반도 전체를 지배하려는 미국과 그 동맹국에 공산국가의 군사적 능력을 보여주었고, 중국이 자신보다 우월한 세력에 맞서 스스로를 보호할 수 있음을 증명해냈다.

모스크바 정권의 지원 아래 진압된 1956년 헝가리혁명의 충격은 공산주의 국가 전체로 빠르게 퍼져나갔다. 이 혁명은 공산주의 국가들을 광범위하게 지원한 소련의 리더십(중국 역시 소련으로부터 각종 원조와 조언을 받았다)이 한낱 신화일 뿐임을 폭로했다. 또한 그 사건은 국가사회주의의 성격을 띤 중동부 유럽 국가들이 소련의 위성국이라기보다는 동맹국이라는 생각이 환상에 불과했음을 드러냈다.

이 사건으로 마오쩌둥은 공산당의 실수와 공식 이데올로기의 문제점을 되돌아볼 수 있도록 언론 통제를 완화할 것을 지시하고, 당에 대한 건설적 비판이 당을 더 강하게 단련시킬 수 있다고 주장했다. 1957년, 그런 마오쩌둥의 생각을 반영한 '백화제방, 백가쟁명'百花齊放, 百家爭鳴●이라는 표어는 유가, 도가, 법가를 비롯한 제자백가 사상이 도덕과 통치에 관한 다양한 견해로 군주들의 관심과 후원을 얻으려 경쟁한 전국시대를 암시했다. 그리고 이러한 분위기에 호응해 교수와 학생은 국가의 변화를 요구하며 많은 글과 대자보를 썼다.

그러나 마오쩌둥은 백화제방을 위험한 생각이 쏟아지는 회

● '수많은 꽃을 피게 하고, 모든 학파에서 의견을 제시하게 한다'는 뜻으로, 사상 해방의 은유적 표현.

의주의적 운동으로 여기게 되었다. 이와 달리, 당이 이미 충분한 대중적 인기와 확고한 통치 기반을 지녔기 때문에 다양한 비판은 득이 될 것이고 지식인은 언로言路를 개방한 정권을 지지하게 되리라는 의견도 있었다. 그럼에도 공산당은 자신들에게 쏟아진 예상 밖의 신랄한 비판에 대한 대응으로 지식인을 대대적으로 탄압했다.

결국 짧은 기간 동안 허용된 논쟁의 자유는 반우파反右派 투쟁으로 알려진 일련의 숙청 작업으로 이어졌다.

반우파 투쟁은 교조주의적 운동이었다. 비정통적인 관점을 드러낸 사람은 물론 그것을 숨기고 있다고 고발당하기만 해도 '반혁명 분자', '인민의 적'으로 낙인찍혀 대중의 지탄을 받고 정치범 수용소로 보내졌다. 그 '우익 분자'는 수용소에서 '노동 개조'나 '사상 재교육'을 경험해야 했고, 그것을 성공적으로 마쳐야만 다시 사회로 돌아올 수 있었다. 또한 모든 인민 개개인의 정치 이력을 포함한 기록이 보관되었기 때문에, 한번 얻은 우익 분자의 오명은 나중에도 결코 지울 수 없었다. 그러한 기록 보관 시스템은 여전히 부분적으로 존재한다.

새로운 정권에 비판적이었다는 외에 다른 이유로 반우파 투쟁 시기에 고초를 당한 사람들도 있었다. 단지 개인적 원한이나 남을 깎아내려 자신의 정치적 평판을 높이려는 이들 탓에 '우파' 낙인이 찍히는 경우도 있었다. 또 중앙당국이 우익분자의 숫자를 지역 관리에게 할당함으로써 억울한 이들이 우파로 몰리기도 했는데, 이는 숨어 있는 혁명의 적이 전체 인구의 일정 비율을 차지한다는 마오쩌둥의 주장에서 비롯되었다.

반우파 투쟁

반우파 투쟁 후 농촌으로 하방되는 간부들

# 마오쩌둥과 그의 주요 협력자는
## 어떤 사람들인가?

마오쩌둥은 중농 계급 출신이었다. 그의 부친은 소작인을 고용하고 아들들을 교육시키기에 충분한 재산을 지닌 사람이었다. 그러나 마오쩌둥은 이미 유년 시절부터 정치적 급진주의에 사로잡혔다. 그는 처음에는 자신의 고향인 후난성湖南省에서, 나중에는 베이징에서 그러한 노선을 펼쳤다. 그는 베이징대학교에서 사서로 일하며 아나키즘과 마르크스주의를 선전하던 천두슈 등 진보적인 스승들로부터 큰 영향을 받았다. 그의 가장 중요한 초기 글은 후난의 농민운동에 관한 보고서였다. 거기서 그는 정통 마르크스주의자와 달리 농민을 도시인의 지도를 필요로 하는 저급한 이들로 가정하지 않고, 당이 농촌에서 배울 점이 많다고 강조했다. 또한 극단적인 전술과 폭력이 혁명에서 종종 불가피하며(이는 "혁명은 저녁 파티가 아니다"라는 그의 유명한 말에서 잘 드러난다), 중국에서 여성은 가장 억압받는 집단이라고 말했다(중국 여성은 계급의 부당한 대우뿐 아니라 남성의 학대까지도 견뎌야 하므로).

앞서 살펴본 바와 같이 마오쩌둥은 장정을 통해 당내 권력을 획득했다. 그가 천안문에 올라 중화인민공화국의 수립을 선포

한 사실은 그가 공산당의 최고 권력자가 되었음을 상징적으로 보여준다. 지금도 천안문에 걸려 있는 그의 거대한 초상화는 중화인민공화국에서 그가 차지한 절대적인 위상을 상기시킨다. 정작 마오쩌둥 자신은 숭배의 대상이 되기를 원치 않는다고 말했고 자신의 생일을 기념하는 것도 금지했지만, 그는 살아생전에도 중화인민공화국에서 신처럼 추종되었다. 1949년부터 1976년에 이르는 기간 동안 편찬된 중국공산당사에서는 공식적으로 그를 1920년대 초 이래로 혁명의 모든 결정적인 순간에 중심적인 역할을 한 인물로 서술한다. 따라서 그를 제외한 수많은 사람의 공로는 소홀하게 취급되었고, 공산당 창건일(7월 1일), 홍군 창설일(8월 1일), 심지어는 중화인민공화국 수립 기념일(10월 1일) 경축행사도 마오쩌둥 개인의 경축행사보다 덜 비중

마오쩌둥과 그의 동료.
왼쪽부터 마오쩌둥, 류사오치,
저우언라이, 주더, 덩샤오핑

있게 다뤄졌다.

　앞에서 설명한 대로 마오쩌둥의 가까운 협력자들은 대부분 장정에 참가한 경험이 있었다. 그들 중 옌안 시기의 마오쩌둥과 가장 가까웠던 이로는 비상한 외교 능력으로 잘 알려진 저우언라이와 인민해방군에서 마오쩌둥 다음으로 중요한 위치를 점했던 주더朱德 등을 들 수 있다. 옌안은 중화인민공화국의 초창기 정책들을 처음 시도하고 발전시켰던 곳이며, 공산당 지도자들을 숭배하는 이에게는 성지聖地로 간주된다.

　마오쩌둥과 마찬가지로 그의 협력자들 상당수가 신문화운동이나 그 직전에 정치 활동을 시작했고, 1910년대에 이미 반제국주의와 반군벌 시위에 가담한 바 있었다. 그중 어떤 이는 청년기에 외국 유학 경험이 있지만(장정에 참가한 덩샤오핑과 저우언라이는 프랑스에서 유학했다), 마오쩌둥을 포함한 일부 사람은 해외 체류 경험조차 거의 없었다(마오쩌둥은 1949년 이후 모스크바를 방문하기 전까지 해외 체류 경험이 전무했다). 장정에 참가하지 않은 공산당 고위 관료 중에는 1950년대와 1960년대 초반에 마오쩌둥의 후계자로 점쳐진 류사오치劉少奇가 있다. 그는 1930~1940년대에 국민당이 지배하는 도시의 심장부에서 공산당을 대표해 노동자를 조직하고 지하 선전 공작을 수행했다.

마오쩌둥의 연설과 글은 처음에는 단순히 중국에서 가장 영향력 있는 마르크스주의 해석으로 여겨졌다. 그러나 머지않아 그것들은 강제로 학습하고 암기해야 하며 선과 악을 판가름하는 경전이 되었다.

이러한 현상은 마오쩌둥을 신적인 지위로 격상시키는 데 일조했다. 수많은 조각상과 거대한 초상화, 그의 업적을 찬양하고 그를 혁명과 신중국의 화신化身으로 묘사한 포스터는 그의 절대적 지위를 시각적으로 형상화했다.

그의 글들은 다방면에 걸쳐 있다. 그가 공들여 쓴 이론적인 글은 농민의 혁명적 잠재력을 인정하는 수정 마르크스주의 내용을 담고 있다. 다른 한편으로 그는 고전적인 방식으로 시詩를 지었고, 적은 군사로 승리를 거두기 위해 게릴라전의 중요성을 강조하는 전술 교범을 쓰기도 했다. 그는 일관되게 서구 제국주의를 비판했지만, 1950년대 후반부터는 혁명 세력에서 수정주의 세력으로 변질된 소련을 맹비난하는 다수의 글을 썼다(소련과 중화인민공화국 사이의 마찰은 국경 문제와 국제 공산주의 운동에 대한 견해차로 발생했다). 그는 중국식 공산주의가

소련과 달리 농민의 혁명적 잠재력과 반제국주의 운동을 강조
한다는 면에서 개발도상국 혁명가가 따라야 할 최상의 모델이
라 주장했다.

1950년대 후반에 이르자 마오쩌둥은 초조해지기 시작했다. 그는 중국이 진정한 공산주의와 평등한 유토피아를 신속하게 실현해내기를 원했다. 그는 중국이 단지 소련이 이끄는 국제 공산주의 조직의 일원이 아닌 그 이상의 국가임을 보여주고자 했다.

이러한 의도는 그로 하여금 대담하고 새로운 기획을 강행하도록 자극했다. 그 기획은 그의 국내 지지자와 중국을 주시하는 외국인에게 중국이 더 이상 소련의 추종국이 아니며 위대한 역량을 지닌 국가임을 알리기 위해 마련된 것이었다. 더욱이 그는 중국이 서구 강대국과 동등하거나 그들을 능가할 수 있다는 점을 입증하려 했다. 그는 보다 높은 수준의 집단생산체제를 향해 단계적으로 나아가는 정책을 포기하고 '대약진'을 요구했다. 집단생산체제로의 신속한 이행, 과감한 곡물 증산 운동, 철 생산 운동은 중국이 소련보다 먼저 공산주의를 달성하고 서구와 동등한 경제력을 갖춘 강대국으로 성장하는 데 도움이 될 것으로 여겨졌다.

이러한 기획은 처음에는 인상적인 성과를 거두었다. 곡물 생

대약진운동 기간, 마을을 시찰 중인 마오쩌둥

산량이 급증했다는 보고가 들어왔고, 각종 신문은 농민이 단체식당, 유치원, 탁아소, 바느질 모임, 이발소, 공중목욕탕, 양로원 등의 혜택으로 집단생활에 만족한다는 내용으로 가득 채워졌다.[13] 그러나 그와 같은 현상 이면에는 임박한 재앙이 도사리고 있었다. 지방 관료들은 마오쩌둥의 노선을 충실하게 따르지 않았다는 이유로 중앙당국으로부터 받게 될 처벌이 두려워 곡물 생산량을 크게 과장해 보고했다. 또한 철강 생산량의 수치를 올리고자 사용 가능한 농기구를 녹여서 쓸모없는 고철 덩어리를 생산해냈다. 모종의 간격을 좁혀 심으면 단위면적당 생산

량을 늘릴 수 있다는 마오쩌둥의 아이디어도 우울한 실패를 맛
보았다.

이러한 문제들이 자연재해와 맞물려, 인류 역사상 가장 혹독
한 가뭄이 발생했다. 가뭄은 1961년까지 이어져 최소 2천만 명,
많게는 3천만 명에 달하는 사람이 목숨을 잃었다. 가장 큰 피해
자는 어린아이였다. 1957년 17.6세였던 사망자의 평균 연령은
1963년 9.7세로 급락했다(그해 사망자의 절반이 10세 이하였
다). 조너선 스펜스가 지적한 것처럼, "전 인민의 역량을 모아
부강한 국가를 건설하려 했던 대약진운동은 그들의 노력을 수
포로 돌렸고, 수많은 어린이의 목숨을 집어삼킴으로써 막을 내
렸다."[14]

대약진운동이 거대한 재앙을 야기하자 마오쩌둥은 중국 최고 지도자의 지위를 일시적으로 상실했다. 비록 마오쩌둥은 여전히 공식적으로 중국의 가장 위대한 사상가였지만, 국가의 실질적인 통치권은 보다 실용주의적이고 덜 이상주의적인 류사오치, 덩샤오핑 등 당의 다른 지도자에게 넘어갔다. 중국현대사에서 가장 베일에 싸인 사건 가운데 하나인 문화대혁명은 일반적으로 마오쩌둥이 당의 관료 기구를 돌며 대중운동을 지휘함으로써 자신의 권력을 되찾고자 했던 노력의 산물로 이해된다.

그러한 투쟁은 혁명이 점차 경직되고 있음을 우려한 마오쩌둥의 논쟁적이고 호전적인 연설과 '홍위병'이라 불리는 마오쩌둥의 열정적이고 충성스러운 젊은이들이 참가한 대규모 집회로부터 시작되었다. 홍위병은 언어적인(때로는 물리적인) 폭력으로 자신들의 영웅에게 헌신하지 않는 것처럼 보이는 사람을 공격했고, 어떤 때는 그들을 '인민의 적'으로 간주해 죽음으로 내몰았다. 보수적이거나 마오쩌둥의 가르침에 존경을 표하지 않는 교사 또는 학교의 행정직원이 그들의 주된 비판 대상이었다.

거기에 잇따른 정치 운동들은 다수의 고위 지도자를 성난 군

문화대혁명 기간의 반혁명분자 숙청

중의 표적으로 삼았다. 숙청과 반反숙청으로 사회는 극도로 혼란스러웠고, 어제의 희생자가 오늘의 가해자가 되었다. 류사오치는 한때 마오쩌둥의 계승자였지만 이제는 대중운동의 비판대상이 되었고, 그러한 운명은 류사오치의 후임자 린뱌오林彪에게도 들이닥쳤다. 이 기간 동안 학교는 문을 닫았고, 당에서는 노동 개조를 위해 지식인을 시골로 보냈다.

문화대혁명 시기에 거리는 사람들의 충돌로, 시골은 각종 폭력으로 넘쳐났다. 그 속에서 많은 무고한 사람이 실추된 명예로 인한 고통을 견디지 못하고 자살했다. 유토피아에 대한 열망은 어두운 악몽으로 변해버렸다. 자녀는 부모를 공격했고, 친구 사이의 우정은 신뢰할 수 없어졌다. 특정 이데올로기에 대한 열정이 모든 것을 휩쓴 시기 혹은 자기보존의 욕망들로 충만했던 시기였다. 이러한 분위기 속에서 사람들이 취할 수 있는 가장 안전한 길은 자신의 미덕을 증명하기 위해 다른 사람들의 결점을 찾아 비난하는 것이었다. 이 운동은 근본주의자의 종교 운동과 여러 면에서 유사했다. 마오쩌둥은 예언자였고 그의 저작만이 도덕적으로 완전무결한 텍스트였다. 한편 문화대혁명을 이끈 젊은이들은 대장정이나 옌안 개혁과 같은 위대한 사업에 참여하는 것만이 유일하게 가치 있는 삶이라고 선전한 영화나 포스터 속에서 성장한 세대였다. 홍위병은 기차나 도보로 마오쩌둥이 30~40년 전에 횡단했던 지역을 포함해 중국 전역을 여행함으로써 그러한 선전을 몸소 실천하려 했다. 그러한 여정은 마오쩌둥의 가르침을 설명하고 다른 이와 '혁명의 경험을 공유'하려는 노력이기도 했다.

4인방은 마오쩌둥의 아내인 장칭江靑과 그녀의 세 협력자를 말한다. 문화대혁명 말기에 강력한 권력을 행사하면서 그들은 대중운동의 표적이 되었고, 마오쩌둥이 사망한 1976년 이후에 곧 체포되었다.

어떤 면에서 4인방은 문화대혁명을 초래한 마오쩌둥의 일부 책임을 떠맡은 희생양이었다. 그러나 공식 역사에서 그들은 마오쩌둥과의 관계를 이용해 국가를 망치고 절대 권력을 향유하려 한, 교활하고 무분별한 기회주의자로 평가된다. 그들은 자신이 싫어하거나 경쟁자로 여기는 사람(예를 들어 덩샤오핑과 같은)에게 '우익 분자'의 낙인을 찍었고, 실제로는 혁명을 위태롭게 만든 과장된 '좌경주의'를 '극단적 혁명주의'라 부르며 옹호했다.

4인방 체포를 축하하는 행렬

## 오늘날 중국의 지도자들은
## 왜 마오쩌둥을 배척하지 않나?

마오쩌둥에 대한 평가는 지금까지도 매우 다양하지만, 이러한 현상은 단지 중국 밖에서만 존재한다. 어떤 지역(예를 들어 네팔)에서는 여전히 마오쩌둥 사상을 복음으로 간주한다. 하지만 대약진운동과 문화대혁명 기간 중 국가에 막대한 피해를 입힌 그의 정책 때문에 중국 밖에서 마오쩌둥은 히틀러에 견줄만한 인물로 언급되기도 한다.

그를 히틀러와 비교하는 것은 여러 가지 면에서 정당하지 않지만, 그러한 주장의 결함을 설명하기 위해서는 먼저 다음과 같은 것들을 고려해야 한다. 만약 마오쩌둥이 단순히 히틀러의 중국판일 뿐이라면, 왜 지금도 마오쩌둥의 얼굴이 중화인민공화국 지폐에 새겨져 있고 그의 시신이 천안문광장에 보존되어 있으며, 국가 기념일에 '덩샤오핑 이론'과 장쩌민江澤民의 '3개 대표론', 후진타오의 '조화사회론'과 함께 '마오쩌둥 사상'을 더욱 발전시키자는 표어를 볼 수 있는 것일까?

아직까지도 마오쩌둥을 악의 화신이라는 단순한 이미지로 설명하는 연구 사례가 있다. 그 책은 장룽張戎과 존 할리데이Jon Halliday의 베스트셀러인 『마오』이다.[15] 이 책은 2005년에 출간된 이래 마오쩌둥에 대한 전기로는 가장 유명한 저작이 되었다. 이 책이 출간되기 전에도 일부 서구인은 마오쩌둥이 중화인민 공화국에서 철저히 거부되지 않는 점이나, 오늘날 중국공산당 지도자들이 자본주의를 반대하고 계급투쟁을 옹호하는 마오쩌둥의 정책과 수사법을 묵인하는 점을 의아하게 생각했다. 그런데 이 책의 출간과 이에 대한 매체의 떠들썩한 주목으로 사람들의 궁금증은 더욱 증폭되었다.

이러한 반응은 이 책이 마오쩌둥에 대해 가장 부정적으로 서술한 영어권 전기라는 점으로부터 기인한다. 마오쩌둥을 히틀러와 스탈린을 포함한 세 명의 악당 리스트에 넣지는 않았지만, 장룽과 할리데이는 마오쩌둥을 어떤 면에서 그 두 사람보다 더 악랄한 인간으로 묘사했다. 이 책은 마오쩌둥이 전시가 아닌 평시에 7천만 명의 희생자를 낸, 역사에 유례없는 대재앙의 책임자라는 단순한 주장을 담고 있다.

그러나 그와 같은 주장은 대약진운동 시기의 대기근이 초래한 인명 피해까지도 전적으로 마오쩌둥 개인의 탓으로 돌리는 의심스러운 판단에 근거를 둔다. 더욱이 저자들은 1950년대부터 1970년대 중반 사이에 벌어진 숙청 작업의 희생자와 대중운동의 표적이 되어 감옥에서 죽거나 자살한 사람, 문화대혁명 기간 중 대중 사이의 분쟁으로 목숨을 잃은 이까지도 '평시'의 희생자로 간주함으로써 마오쩌둥 한 사람에게 지나친 책임을 물었다.

기아로 인한 사망은 대기근 시기의 다른 원인에 의한 사망과 구분하기 어렵기 때문에 그들이 주장한 수치는 확실하지 않다. 정치적 폭력에 의한 사망자의 수치도 동시대에 자연사한 사망자의 수치와 정확하게 구분해낼 수 없다. 더욱이 그들은 마오쩌둥이 중화인민공화국의 첫 10년 동안 이룩한 성과를 무시한 채 오로지 그가 초래한 재앙에만 초점을 맞추었다. 대약진운동 시기에 발생한 엄청난 재난에도 불구하고, 마오쩌둥 집권 기간 동안 중국의 기대수명은 35세에서 70세로 급격하게 상승했고 문맹률도 현저하게 낮아졌다(거의 80퍼센트에 달하던 문맹률이 10퍼센트 아래로 떨어졌다).

그 시기에 발생한 폭력에 대한 상세한 묘사와 수많은 충격적인 글로 가득 찬 이 책은 마오쩌둥을 어릴 적부터 마키아벨리적 면모를 지녔던 비정한 인물로 묘사한다. 그들은 마오쩌둥이 실제로 마르크스주의를 신봉한 바 없으며, 오로지 권력을 쟁취하겠다는 단순한 신념만을 가지고 있었을 뿐이라고 주장한다. 게다가 그들은 마오쩌둥이 말년에 오로지 아첨꾼과 어울리는 피에 굶주리고 성적으로 타락한 독재자가 되었다고 말한다.

전반적으로 그들의 책은 마오쩌둥을 인간이 아니라 악마에 가깝게 서술했다. 저자들의 주장대로라면 그는 사랑할 능력도, 자신의 행동을 후회하며 고통을 느끼는 능력도 전혀 갖고 있지 않았을 것이다. 그러나 한 인간의 영혼을 꿰뚫는 마술적 능력이 없고서야, 단 한 번의 인터뷰도 없이 그러한 사실들을 과연 얼마나 정확하게 입증할 수 있을지 의문을 갖지 않을 수 없다.

# 마오쩌둥에 대해
# 괴물 이외에 어떤 평가가 가능할까?

많은 사람이 마오쩌둥을 중국의 히틀러나 악마로 평가한다. 마오쩌둥에 대한 최근의 평가를 고찰하기 위해 취할 수 있는 유용한 한 가지 방법은 앤드루 잭슨Andrew Jackson에 대한 미국인의 평가와 비교해보는 것이다. 잭슨은 민주당의 발전에 중요한 역할을 한 사람으로 기억되고 있지만, 사실 아메리카 원주민에 대한 집단 학살 정책에도 책임이 있는 사람이다.

그러나 두 사람이 저지른 끔찍한 일이 그들에 대한 긍정적 평가를 가리지는 않는다. 오늘날 미국인은 잭슨이 지지한 노예제와 19세기 초 아메리카 원주민에 대한 폭력을 부정적으로 인식하지만, 그의 얼굴은 여전히 미화 20달러짜리 지폐에 새겨져 있다.

많은 결점에도 불구하고 그는 미국의 민주주의 전통에서 책임 있는 평등주의자이자 부유한 엘리트를 멀리한 직설적인 자수성가형 인간으로 평가된다. 마오쩌둥에 대한 중국인의 태도 역시 잭슨에 대한 미국인의 그것과 거의 유사하다. 오늘날 정리해고에 시달리는 중국의 국영기업 노동자는 자신의 가치가 존중되었던 마오쩌둥 시대를 그리워한다. 또한 몇 가지 실수에도 불구하고 마오쩌둥은 농촌이라는 자신의 뿌리를 잊지 않고, 스스로를 우월한 계급에 속한 인간으로 여기지 않은 지도자로 인식된다.

중국 인민은 중국공산당과 그 지도자들이 결코 실수를 저지르지 않는다고 믿지 않는다. 물론 일부 사람은 여전히 마오쩌둥을 신적인 인물로 추앙하지만, 대부분은 그렇지 않다. 마오쩌둥이 큰 잘못을 저질렀다는 생각은 널리 인정되고 있다. 1980년대 초반에 제기된 당의 공식적인 의견은 그가 7할은 옳았지만 3할은 틀렸다는 것이었다. 어떤 사람은 지난 세기에 중국을 최초로 외세에서 구원한 지도자에게 그런 평가가 너무 가혹하다고 말하지만, 어떤 사람은 그런 평가가 너무 너그럽다고 본다.

그의 실수가 정확히 무엇이었는지에 관해서는 공식적으로 밝혀진 바 없다. 그렇지만 그가 가장 큰 실수를 생애 말년에 저질렀기 때문에, 좀 더 일찍 죽었다면 그의 옳음이 7할보다 컸으리라는 주장은 널리 공감을 얻고 있다. 그의 가장 어처구니없는 실수에는 대약진운동과 문화대혁명이 포함된다. 특히 마오쩌둥은 1966년 문화대혁명을 일으켜 홍위병을 호전적으로 자극했고, 10년 후 4인방의 출현을 야기했거나 최소한 방조했다. 그러나 적어도 대약진운동과 문화대혁명 이전의 마오쩌둥은 오늘날까지도 일부 중국인의 마음속에 숭배의 대상으로 남아 있다.

# 평범한 중국인은
## 마오쩌둥을 어떻게 생각할까?

마오쩌둥에 대해 보통의 중국인은 회상과 분노, 존경과 무시 등 실로 다양한 감정을 지닌다. 아직도 사람들은 천안문광장 중앙에 세워진 그의 호화로운 묘소와 그곳에 전시된 그의 시신을 보기 위해 줄을 서서 기다린다. 아직도 그를 신처럼 숭배하는 사람이 자신의 경의를 표하기 위해 그곳을 찾기도 하지만, 방문객 모두가 그런 것은 아니다. 무시무시한 독재자가 정말 죽었는지 확인하기 위해 그곳을 찾는 사람도 존재한다는 말도 있으나, 그중에는 순수한 관람객도 존재한다. 오늘날 프랑스인이 나폴레옹의 무덤을 방문할 때 느끼는 것과 마찬가지로, 대다수 중국인은 마오쩌둥을 과거에 조국에서 비극과 위업을 동시에 보여준, 부정할 수 없는 중요한 인물이라 생각할 것이다.

특히 오늘날 특정한 경우에 표현되는 마오쩌둥에 대한 존경심은 사회 현상에 대한 비판적 수단으로도 활용된다. 예를 들어 2000년대 초 중국 북부의 몇몇 쇠퇴한 공업도시에서는 국영기업에서 해고당한 성난 노동자들이 시위 중에 마오쩌둥의 초상화를 내걸며, 자신들을 소외시킨 경제개혁에 불만을 표시했다. 왜냐하면 마오쩌둥은 노동자에게 평생직장을 보장해주어야 한

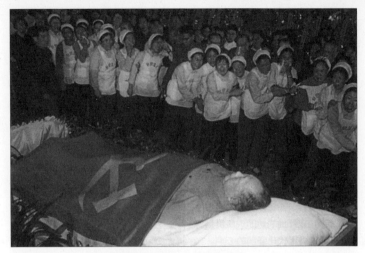
마오쩌둥의 유체와 오열하는 군중

다고 주장했기 때문이다.

　문화대혁명을 경험했거나 그때 수난을 받았던 사람 중 일부는 다른 방식으로 그 시기와 마오쩌둥을 긍정적으로 평가한다. 그들은 오늘날 젊은이의 자기중심주의와 물질만능주의가 문화대혁명만큼이나 잘못되었다고 주장하면서, 문화대혁명 때처럼 도시 젊은이가 농촌 생활을 직접 경험해보는 것도 가치 있는 일이라고 말한다.

　한편 어떤 이는 마오쩌둥을 중요한 대외 정책의 목표를 달성한 인물로 기억한다. 그들은 1950년에 마오쩌둥이 북한을 도와 남한과 미국의 무력에 대항했던 점을 긍정적으로 평가한다. 또 다른 이는 중국식 마르크스주의의 위대한 창시자 마오쩌둥과 강한 반공 사상을 지녔던 미국 대통령 리처드 닉슨이 소련 견제와 무력화라는 동일한 목적을 위해 이뤄낸 1972년의 역사적 만남을 긍정적으로 평가한다. 그 만남이 미국의 지미 카터와 중국의 덩샤오핑이 집권했던 1970년대 말 베이징과 모스크바 사이의 국교 정상화에 출구를 마련했다고 보기 때문이다.

장룽과 할리데이가 자신의 피붙이에 대해서조차 진정한 애정을 느끼지 못하는 정신적 장애자라며 마오쩌둥을 비난한 점은 오늘날 오히려 긍정적인 면으로 바뀌어 중국의 현 지도자들을 비판하는 근거로 활용될 수 있다. 예를 들어 사람들은 최근 중국 고위 관료 자제들의 과도한 영향력과 그들이 누리는 부당 이익을 비판하기 위해, 자신의 혈육에게 매정했던 마오쩌둥의 위대함을 거론하곤 한다. 마오쩌둥은 자신의 장남을 동포들과 함께 목숨을 걸고 싸우게 하기 위해 해외로 내보냈지만,● 마오쩌둥의 후계자들은 자신의 자녀를 옥스퍼드대학교나 하버드대학교에서 편안히 비즈니스를 공부하도록 해외에 내보내고 있다.

● 마오쩌둥의 장남 마오안잉毛岸英은 한국전쟁에서 28세의 나이로 전사하였고, 그의 유해는 현재 평안남도 회창군에 소재한 '중국군 열사묘'에 묻혀 있다.

# 현재와 미래

이 책의 나머지 절반은 중국의 오늘과 내일에 초점을 맞추었다. II부는 '마오쩌둥 시대부터 현재까지'라는 제목의 장에서 시작한다. 여기서는 마오쩌둥 이후 시대 또는 1978년 이후 개혁개방 시대의 중요 인물(덩샤오핑 등), 정책(잘 알려져 있지만 다소 오해되는 '1가구1자녀 정책' 등), 사건(1989년 천안문사건과 2008년 베이징올림픽 등)을 다룬다. 우리가 탐구하게 될 한 가지 핵심 주제는 1989년에 이미 그 수명을 다한 것처럼 보였음에도 여전히 건재한 중국공산당의 놀라운 지속 능력이다. 지난 2009년 10월 1일에 열린 중화인민공화국 수립 60주년 기념행사는 중국공산당의 그와 같은 건재를 과시했다. 이날 각 성의 특집방송은 최첨단무기를 전시한 차량들의 호화 퍼레이드를 방송했다. II부 5장에서는 미국과 중국의 양강 구도 시대에 관한 내용을 다룬다(그러한 시대가 이미 도래하였는가, 혹은 도래할 것인가 하는 질문의 답은 중화인민공화국이 진정 '강대국'의 자격을 갖추었는지에 대한 여러분의 생각에 달려 있다). 이 장은 미국이 과거부터 현재까지 중국에 대해 오해해왔던 것들을 보여준다. 그러한 오해는 보통 중화인민공화국이 얼마나 복잡한 나라인지를 인식하지 못한 데서 비롯된다. 이후 세 번째 장에서는 시선을 바꾸어 미국에 대한 중국인의 오해를 간단히 살펴볼 것이다. 이는 대체로 미국과 중국의 미디어 시스템이 얼마나 다른지 인식하지 못한 데서 비롯된다. 그리고 II부 6장에서는 미래에 대한 약간의 전망과 향후 미국과 중국 국민이 어떻게 태평양 너머의 상대방을 보다 올바로 바라볼 수 있을지에 관한 제안으로 마무리 짓고자 한다.

# 4

# 마오쩌둥 시대부터 현재까지

덩샤오핑은 1920년대 프랑스 유학 시절에 자신의 첫 번째 혁명 경험을 얻었다. 그는 이 시기에 저우언라이(그는 마오쩌둥 시기에 줄곧 2인자였다)라는 급진주의적인 청년을 만나 우정을 쌓았고, 진보주의 이상의 선전가로 활동해 '등사기 박사'로도 불렸다. 다사다난했던 생애의 마지막 20년 동안 그는 (비록 법적으로는 아니었지만) 중화인민공화국의 실질적인 지도자였다. 마오쩌둥 사후 중국에서는 어떤 이도 그와 동등한 영향력을 행사하지 못했다.

덩샤오핑은 마오쩌둥 시기 이후 중국의 경제성장을 견인한 '개혁개방' 정책의 설계사였다. 1997년 7월 1일에는 영국 영토였던 홍콩을 중화인민공화국의 특별 행정구로 전환하는 내용을 두고 마가렛 대처와 벌인 협상을 성공적으로 이끌기도 했다. 그날은 99년간 이어진 홍콩 섬 맞은편 지역●에 대한 영국의 조차租借가 끝나는 날이었다. 사실 홍콩 섬에 한해서는 영국이 권리를 계속 유지할 수 있었다. 그러나 홍콩 섬은 물과 전기를 스스로 조달할 수 없었으므로, 영국은 홍콩 섬 맞은편 지역과 홍콩 섬을 동시에 반환할 수밖에 없었다. 한편 덩샤오핑은 마오

● 구룡九龍반도와 신계新界 지역.

'덩샤오핑 동지, 안녕하세요'라고 쓴 현수막을 흔드는 학생들

쩌둥이나 화궈펑과 달리 개인숭배와 일인 독재의 리더십을 포기했다.

한 가지 예를 들어보자. 많은 포스터에서 덩샤오핑의 얼굴은 그리 부각되지 않은 반면, 마오쩌둥의 얼굴은 수백 가지 포스터에 등장했고(그중 어떤 포스터는 수백만 부나 배포되었다), 화궈펑 또한 짧은 집권 기간 동안 많은 포스터에 출현했다. 더군다나 '마오 주석 만세'나 '화 주석 만세'는 1979년 이전 국가 행사에서 공통적으로 사용한 경축 표어였다. 그러나 덩샤오핑 시대 이래로 '만세'라는 단어는 오로지 체제(중국공산당), 대규모 집단(중화인민공화국의 인민), 정책(모든 민족의 통합)의 지속을 강조하는 의미로만 사용되었다. 덩샤오핑의 인기가 절정에 달했던 1984년 국경일에는 군대를 사열하는 그를 향해 몇몇 학생이 '덩샤오핑 동지, 안녕하세요'라는 문구가 적힌 현수막을 내걸었고, 그를 추앙하는 의미에서 조각상도 세워졌다. 그중 하나는 덩샤오핑이 최초로 '경제특구'로 지정해 자본주의적 요소의 유입이 허용되면서 궁벽한 시골 마을에서 대도시로 성장한 선전深圳에 세워졌다. 그러나 덩샤오핑은 중국공산당의 다른 지도자들과 구별된 유일무이의 절대 권력자는 아니었다. 단지 그는 집단지도체제의 여러 동등한 지도자 가운데 첫 번째 인물이라는 면에서 최고 권력자로 간주되었다.

마오쩌둥 시기에 덩샤오핑은 최고위 지도층 관료로의 승진과 불명예스러운 강등을 번갈아 경험했다. 그는 종종 중도적이라는 이유로 비판받았지만, 그 외의 시기에는 탁월한 경제 조정 능력을 지닌 인물로 여겨졌다. 문화대혁명 시기에 그는 가족과 함께 최후의 수난을 당했다. 그의 아들 한 명은 사람들의 강압에 못 이겨 지붕에서 뛰어내리는 바람에 평생 불구로 살아야 했다. 그 후 그는 화궈펑의 짧은 집권 기간 중에 마지막 재기再起에 성공했다.

덩샤오핑은 1978년 말부터 그가 사망한 1997년 초까지 최고 지도자의 지위를 유지했다(애석하게도 홍콩이 반환되는 장면을 지켜보기에 그의 생은 다소 짧았다). 그러나 다소 의아스럽게도 그는 거의 집권 시기 내내 단지 '부주석'으로 불렸고, 생의 마지막 몇 년 동안은 공식적으로 '은퇴' 상태에 있었다(물론 공산당 막후에서 여전히 엄청난 영향력을 행사했지만).

덩샤오핑은 마오쩌둥과 마찬가지로 자신의 후계자를 분명하게 정하지 않았다. 마오쩌둥이 선택했던 후계자들이 그랬던 것처럼, 덩샤오핑이 고위층 지도자로 선택한 이들도 곧 상관의 총애를 잃고 말았다. 후야오방胡耀邦의 경우가 그랬다. 그는 덩샤오핑 집권 당시 중국공산당 총서기의 지위까지 올랐다. 그러나 1987년 학생시위에 너무 온건하게 대응했다는 이유로 강등되었다. 이러한 일은 자오쯔양趙紫陽에게도 반복되었다. 1987년 후야오방의 강등 이전까지만 해도 그는 경제개혁 정책의 시행에서 덩샤오핑의 중요한 협력자였다. 하지만 1989년 천안문사건에 유화적이었다는 이유로 남은 생을 가택연금 상태로 보내야 했다. 마지막으로 남은 덩샤오핑의 후계자 장쩌민(1926~ )은 자오쯔양의 실각 이후 총서기 자리를 물려받았다.

그러나 장쩌민은 덩샤오핑이 사망하기 전까지도 권력을 완전히 장악하지 못했다. 이는 2002년에 장쩌민을 계승한 후진타오도 마찬가지였다. 현재 장쩌민은 만년에 덩샤오핑이 그랬던 것처럼 대부분의 공식적인 지위를 넘겨주고 '은퇴'한 상황에서 지속적으로 당내 영향력을 발휘하고 있다.

홍콩 반환 협상 이후 덩샤오핑의 대외 정책이 거둔 주요 성과로는 워싱턴과의 관계 정상화를 들 수 있다. 그는 미국을 방문한 첫 번째 중화인민공화국 지도자로, 미국과 중국 간 교역 확대를 가능케 해줄 유일한 중국공산당 지도자로 기대를 받았다. 또한 1980년대에 그는 모스크바와 베이징 사이의 정기적인 교류를 회복하기 위해 애썼다. 사실 천안문사건의 시위대가 글로벌 미디어에 의해 널리 보도될 수 있었던 이유도 당시 고르바초프의 중국 방문과 어느 정도 관련이 있다. 왜냐하면 두 거대 공산주의 국가의 유대 관계 회복을 기대하며 전 세계 언론이 고르바초프와 덩샤오핑의 회동에 큰 관심을 보였던 바로 그 시점에 시위가 벌어졌기 때문이다.

그러나 덩샤오핑은 국제적인 영역에서 거둔 성공만이 아니라 수년간 지속된 기록적인 경제성장의 기초를 닦은 대담한 개혁 정책 덕분에 긍정적으로 평가된다(국제 외교에서 그가 늘 성공을 거둔 것은 아니다. 단기간에 막대한 희생을 치른 1970년대 말 중월中越전쟁이 그 예이다). 그러한 개혁은 개인기업의 활동을 제한하는 공산주의 이데올로기를 완화시켜 외국

중국 특색의 사회주의를 제의하는 덩샤오핑

인 투자를 유치하고, 농업과 산업에 대해 정부의 통제를 부분적으로 줄이는 방향으로 전개되었다. 개혁의 목표는 억눌려 있던 기업 활동의 에너지를 풀어주고, 농업 활성화를 위해 농민이 자신의 초과 생산물을 내다 팔 수 있도록 허용함으로써 '중국 특색의 사회주의'를 실현하는 데 있었다. '중국 특색의 사회주의'란 국가가 여전히 경제의 많은 부분을 통제하지만, 과거 소비에트 체제에서 수행한 5개년 계획과 달리 좀 더 자유로운 기업 활동과 분권화를 허용하는 독특한 경제 체제를 말한다.

덩샤오핑이 1989년 이전에 죽었다면 그는 서양과 중국에서 존경받는 인물로 역사 속에 길이 남았을 것이다. 이데올로기적 순수성을 강조한 마오쩌둥과 달리 그는 '흰 고양이든 검은 고양이든, 쥐만 잘 잡으면 좋은 고양이'라는 흑묘백묘론黑猫白猫論을 제창했고, 이와 같은 실용주의와 계급투쟁으로부터 벗어난 표어('부자가 되는 것은 영예로운 일이다'는 그의 가장 잘 알려진 표어 가운데 하나이다)는 찬사를 받았다. 그는 『타임』Time 지의 '올해의 인물'에 한 차례도 아닌 두 차례나 선정되었다. 비록

덩샤오핑이 다수의 정책에서 전적으로 자본주의를 옹호하지는 않았지만, 그럼에도 그는 공산주의자보다는 자본주의자의 면모를 가지고 중국을 창조한 인물로 일컬어진다.

오늘날 중국은 공식적으로 덩샤오핑을 국가에 커다란 성과를 안겨준 인물로 찬양한

다. 그러나 그에 대한 중국 밖의 평가는 다양하다. 그는 경제개혁을 통해 중국 경제를 제3세계 경제에서 세계 제3위 경제로 변모시킨 기틀을 마련했으나, 정치 개혁에는 소홀했던 인물로 여겨지기도 한다. 그는 중국의 GDP와 국제사회에서의 위상을 높였지만, 1970년대 말 '민주의 벽' 운동과 천안문사건 등의 반체제 운동을 억압했다.

'민주의 벽'은 1940년대 말에 생겨나 1950년대 말 백화제방 운동 기간 중에 널리 사용된 단어로, 시위자가 대자보나 시, 비평문을 써 붙였던 베이징의 특정 장소를 말한다. 민주의 벽 운동의 목적이나 구호는 다양했다. 시위자의 상당수는 마르크스주의 사상가 또는 다른 공산주의 세계의 비판적 요소(예를 들어 자국 지도자들의 권위주의를 비판한 유고슬라비아의 개혁 세력 등)에서 영감을 얻었고, 일부는 자유주의의 영향을 받았다. 1970년대 민주의 벽에서 활동했던 민주주의자들은 먼저 통치자들에게 인민의 고민을 더 자주 경청할 것을 요구했다.

처음에 덩샤오핑은 인민이 자신의 고통을 표현하는 것이 바람직하다고 보았던 것 같다. 그러나 1979년 말에 이르러 정부는 과거 백화제방 운동의 결말을 반복하듯 시위자를 위협 세력으로 규정해 그들 가운데 가장 적극적인 이들을 감옥에 가두었다.

민주의 벽 운동에 참가했던 이들 가운데 가장 잘 알려진 인사로는 웨이징성魏京生을 들 수 있다. 그는 그 운동으로 인해 다년간 감옥에 있었고 현재는 미국에서 정치적 망명 생활을 하고 있다. 그는 자신이 만든 한 유명한 포스터에서, 덩샤오핑의 '4개 현대화'(농업, 공업, 국방, 과학기술 현대화)에 더해 '다섯 번째 현대화'(이것은 그가 쓴 비평문의 제목이기도 하다)로 불리는 '민주개혁'을 요구한 바 있다.

40세 이상의 대다수 서구인은 자신들이 민주의 벽 운동은 몰라도 천안문사건에 대한 기본적인 지식은 갖고 있다고 생각한다(특히 그들이 텔레비전으로 실시간 방영된 천안문사건 장면을 지켜봤다면). 많은 서구의 젊은이 또한 그와 관련된 사건이 어떻게 전개되었는지 최소한의 윤곽은 알고 있다고 믿는다.

그러나 대부분의 경우 그 사건의 세부 사항은 서구인의 기억 속에 뒤죽박죽 엉켜 있다. 천안문사건에 관한 복잡한 이야기들은 오로지 전차 행렬과 그에 맞선 한 '남학생'(아마 노동자인 듯하지만)이 담긴 사진 한 장으로 축소된다. 이런 혼동과 오해의 원인은 6월 4일 대학살 당시 누가, 어떻게, 어디서 살해되었는가 하는 물음과 연관된다. 즉 일반적으로 서구인이 생각하는 것과 달리 피해자들은 주로 전차가 아닌 자동화기에 살해되었다. 또한 학살 장소는 천안문광장이 아니라 광장 근처의 거리였다. 그 때문에 나는 '천안문광장 대학살'이라는 표현이 옳지 않다고 본다.

중국정부에서는 대학살은 없었다고 일관되게 주장해왔다. 그들은 이 사건을 단순히 중국의 수도를 혼란에 빠뜨리고 국가의 안정을 위협하는, 문화대혁명과 유사한 반혁명 폭동이라고 봤다. 또한 군인들은 단지 국가가 무질서의 소용돌이로 빠지는 것을 저지했을 뿐이라는 입장을 고수했다.

그러나 이에 대해 서방에서는 '엄청난 거짓말'이라고 응수했다. 천안문사건 기간 중 군인 몇 명이 사망했지만, 그들은 유일한 희생자도 아니었고 희생자 다수를 차지하지도 않았다. 중국 정부에서 이 사건을 문화대혁명의 유령으로 삼아 경각심을 일깨우려 한 것은 지나친 과장이었다. 1989년의 시위자 대부분은 전혀 폭력적이지 않았기 때문이다.

하지만 천안문사건에 관해 유포된 부정확한 사실에 앞에서 말한 '엄청난 거짓말'만 있는 것은 아니다. 예를 들어 많은 서구인이 6월 4일 대학살에서 희생된 대다수 또는 모든 이가 학생이었다고 오해한다. 사실 희생자의 대다수는 학생이 아니었다. 또한 서구인은 시위대의 주요 구호가 '민주주의' 요구였다고 믿지만, 천안문사건은 선거권에 대한 열망보다 부정부패에 대한 비판의 성격이 더 컸다.

최초 시위를 주도한 학생들의 목표 가운데 하나는 정치 개혁이었다. 천안문사건 이전부터 대학 캠퍼스 안에는 복잡하게 얽힌 많은 불만과 요구 사항으로 분출된 시위 물결이 있었다. 젊은이들은 더 많은 자유를 원했다. 그들은 강제적으로 실시되는 체조부터 구내식당의 저질 식단에 이르기까지 여러 면에서 대학 생활에 실망했다. 또한 그들은 공산당이 아닌 공개 선거로 대학의 학생 지도자를 직접 선발하기를 원했다. 이러한 시위는 1986년 12월 중국의 여러 도시를 휩쓸기 시작했고(이 중 가장 큰 시위는 상하이에서 일어났다), 1987년 초 천안문광장에서 있었던 베이징 학생들의 신년 행진을 끝으로 마무리되었다.

1988년에도 소수의 시위자가 남아 있었다. 그러나 1989년 4월 중순까지도 학생운동의 조짐은 뚜렷하지 않았다. 다만 노동자 사이에서는 중국의 가장 위대한 학생운동인 5·4운동의 80주년 기념을 위해 5월 4일에 시위 계획이 있었다. 여기에서 한 가지 우연한 사건이 대규모 투쟁에 시동을 걸었다. 4월 중순에 발생한 후야오방의 사망이었다. 그는 1986~1987년의 학생 시위에 온건한 입장을 취했다는 이유로 당으로부터 비판을 받고 강등되어 학생들의 영웅이 되었다.

후야오방의 사망은 학생들에게 시위 기회를 제공했다. 고위직은 아니었지만 후야오방은 사망 당시에도 관료였다. 따라서 국가에서는 그의 죽음을 애도하는 사람의 집결을 막을 수 없었다. 학생들은 후야오방 애도행사를 시위의 기회로 삼았다. 그들은 착한 사람이 먼저 죽고 악한 사람들이 권력을 휘두르는 부끄러운 현실에 대해 말하기 시작했다.

천안문광장에서 시위하는 군중

천안문사건이 1986~1987년 시위와 다른 한 가지는 천안문 사건이 절정에 달한 그해 5월에 이미 학생운동의 범위를 넘어 섰다는 점이다. 그 후 가장 중요한 시위에 여러 사회 계층이 참 가했고, 특히 노동자가 시위대의 다수를 점했다. 학생들은 민 주주의를 자신의 구호 중 하나로 삼았지만, 부패하고 부의 분 배에 실패한 지도층을 공격하는 데 보다 힘을 기울였다. 지도 층 자녀나 고위 관료와 연줄이 있는 사람만이 부를 축적할 수 있다는 생각은 인플레이션의 확대와 맞물려 당시 중국 사회를 강하게 뒤흔들었다.

다른 계층의 지지를 등에 업고 학생들은 단식투쟁에 돌입했다. 당시 호화 만찬이 관료 사회의 부패를 상징하면서 단식투쟁은 더욱 특별한 힘을 갖게 되었다. 학생들은 지식인 청년이 국가를 위해 헌신했던 오랜 전통에 점점 다가갔다. 또한 굶주린 파업 노동자들은 자신의 노동이 덩샤오핑이나 집단지도체제 지도자들의 이익이 아닌 국가의 이익을 위한 것임을 증명하려는 듯했다.

베이징에 100만 명의 사람이 운집했을 때 상하이, 광저우 등지에도 수만 또는 수십만 명의 사람이 거리와 광장을 메웠다. 공식적인 통계는 없지만 계층을 초월한 6월 초의 최대 규모 행진에서는 수백 명의 희생자가 발생했다. 그러나 이들 중 상당수는 학생이 아니었다. 물론 학생 중 일부가 사망하긴 했으나, 6월 초 대학살이 벌어진 베이징과 중국 서부 지역에 있는 청두成都의 희생자 대다수는 노동자나 일반 시민이었다.[1]

## 중국정부는 왜 천안문사건을
## 재평가하지 않나?

　많은 천안문사건 지지자가 수년 안에 공산당 정권이 1989년 시위자들을 재평가해주리라 기대했다. 왜냐하면 존경받는 지도자 저우언라이의 죽음으로 촉발된 1976년 시위의 전례가 있기 때문이다. 당에서는 처음에 이 시위를 '반혁명 폭동'으로 규정했지만, 덩샤오핑 집권 후 '애국적' 투쟁으로 재평가했다. 천안문사건으로 희생된 학생과 노동자의 일가친척과 전 세계 인권운동가는 1989년 시위도 이전과 같이 재평가하기를 요구하지만 그 요구는 아직 수용되지 않았다.

　그 이유는 1976년 시위의 결과로 단행된 당 지도부의 극적인 교체 같은 상황이 일어나지 않았기 때문이다. 1978년 덩샤오핑의 부상은 체제 전환의 신호탄이었다. 따라서 덩샤오핑은 1976년의 시위를 자신의 집권을 지지하는 전조로 해석할 수 있었다.

　6월 4일 대학살 이후의 상황은 그와 매우 다르다. 현 중국의 지도층, 그중에서도 장쩌민과 후진타오(1989년 당시 그는 사회적으로 불안한 티베트의 고위 관료였다) 사이에는 갈등이 있다고 알려져 있다. 그러나 그들은 모두 덩샤오핑이나 그의 정책과 관련이 있고, 자신들이 덩샤오핑의 개혁을 지속하고 있다고 여긴다. 그들은 덩샤오핑이 제시한 비전을 거부하는 듯한 행동을 반대한다. 그러한 행동은 자신들의 정통성을 훼손할 수 있기 때문이다.

1976년의 천안문 시위

## 다른 공산주의 정권의 몰락이
## 중국에 어떤 영향을 미쳤나?

지난 세기말과 금세기 초의 국제 환경이 마르크스주의와 연관된 정권에 별 도움이 되지 않았으리라는 점은 쉽게 추측할 수 있다. 어떤 이는 1989년에 벌어진 여러 사건이 마르크스가 틀렸음을 최종적으로 증명한다고 주장했다. 그러나 어떤 이는 (정치적으로 중도파나 우파에 속한 일부 사람을 포함해) 세계화에 대한 마르크스의 생각이 담긴 『공산당 선언』을 다시 읽을 필요가 있다고 주장했다.[2] 어쨌든 최근의 국제 환경은 마르크스주의에는 불리하다 하더라도 중국공산당이 자신의 독특한 체제를 수호하는 데에는 오히려 도움이 되고 있다.

예를 들어 다음과 같은 점을 고려해보자. 1990년대에 일어난 사건들은 강력하고 안정된 국가가 모두의 이익을 위해 필요하다는 정권의 주장을 뒷받침해준다. 베이징의 대변인들은 때마침 위기에 직면한 유고슬라비아의 사례를 이용해 그러한 주장을 펼쳤다.

동남부 유럽에 위치한 유고슬라비아의 국가 질서 붕괴로 중국공산당은 스스로를 정당화하기 위한 구실을 얻었다. 즉 '공산주의' 국가에서 야기되는 불만은 별문제가 되지 않으며, 전쟁과 사회 불안으로 피폐해진 티토의 '탈공산주의' 체제와 다른 새로운 대안(중국식 사회주의)이 절실하다는 것이다. 게다가 코소보 방어를 위한 나토의 개입 이후 중국공산당은 탈공산주의 시대가 경제적 몰락이나 폭력의 확산뿐 아니라 국가 자립성의 상실을 불러올 수 있다고 선전했다. 오랫동안 제국주의의 침략으로 고통받았던 중국에서 국가 자립성 문제는 더욱 절박하게 받아들여질 수 있었다.

1989년은 중국공산당에게 중대한 도전의 해였다. 중국공산당은 그러한 도전을 간신히 버텨내는 듯 보였다. 100만 명에 달하는 인민이 베이징의 거리와 가장 큰 광장을 메웠고, 다른 도시의 중심부에도 수천 수백 명의 사람이 모였다. 그러나 우리가 이미 알고 있듯이 중국공산당은 덩샤오핑을 비롯한 집단지도체제 관료들이 선택한 과격한 방법으로 살아남았다. 이들은 시위자에 대한 대학살과 대규모 체포, 자오쯔양의 가택연금을 단행했다. 한편 천안문사건 당시 상하이 당 서기였던 장쩌민의 부상 또한 1989년에 일어난 중요한 사건 중 하나였다. 장쩌민은 제한된 무력만으로 시위자들에 대해 당의 완고한 입장을 수호함으로써 집단지도체제에서 자신의 역량을 증명했다.●

그해에 덩샤오핑과 그의 동료들은 또 다른 중대한 도전에 직면했다. 부다페스트와 부쿠레슈티 그리고 다른 유럽 국가의 수

● 천안문사건 당시 장쩌민과 주룽지는 무력을 동원하지 않고 시위대를 설득해 해산시킨 공로로 덩샤오핑에 의해 중앙 정계에 나란히 진출했다.

도에서 공산주의 정권이 붕괴한 것이다. 1989년 폴란드에서 자유노조연대가 집권하였고(자유노조연대가 선거에서 승리한 그 날, 중국에서는 인민해방군이 베이징의 시위대를 향해 발포했다), 프라하에서는 벨벳혁명Velvet Revolution●●이 일어났다. 또한 독일에서는 베를린 장벽이 무너졌다. 소련의 공산당 체제 역시 오래 유지되지 못할 것 같았다.

이러한 국제적 추세 속에서 벌어진 6월 4일의 학살로 인해, 중국 지도부가 계속 지속되지 못하리라는 생각은 중국 밖으로 널리 확산되었다. 당시 유행어였던 '역사의 종말'은 이미 도래했고, 공산주의 국가는 모두 곧 소멸할 것 같았다. 중국공산당이 오래 지속되지 못하리라는 예상은 1990년대 서구의 많은 저널리스트, 학자, 정책 입안자 사이에서 적극적으로 수용되었다. 그러나 '레닌주의의 몰락'이 중화인민공화국 정권에 영향을 미치리라는 주장은 점차 의심을 불러일으켰다. 그리고 금세기 초에 이르러 그들의 목소리는 거의 사라졌다.3

최근까지도 이러한 입장 변화는 계속되고 있다. 오늘날 많은 사람이 이변이 없는 한 중화인민공화국이 한동안 이어지리라고 여긴다. 마크 트웨인의 유명한 문구를 인용하자면, 이제는 중국의 몰락을 운운한 보고서들이 매우 과장되었다고 평가할 수 있다.●●● 그러나 중국공산당 통치자들은 그 미국 작가가 일

●● 1989년 11월, 체코슬로바키아의 공산주의 정권을 붕괴시킨 무혈혁명.
●●● 여기서 저자가 마크 트웨인을 언급한 까닭은 마크 트웨인 역시 자신의 사망설을 잘못 유포한 언론사를 향해 "내 죽음에 대한 보도는 매우 과장되었다"라고 밀한 바 있기 때문이다.

찍이 미국의 제국주의에 대한 신랄한 비평가였고, 조약항 제도의 불공정성에 대해 사설을 쓰기도 했다는 점에서 자신들과 유사한 시각을 지녔음을 모를 것이다.

## 중국의 지도자들은 어떻게
## '레닌주의의 몰락'을 피할 수 있었나?

덩샤오핑과 장쩌민은 1990년대 중국공산당에 대한 온갖 회의주의가 틀렸다는 사실을 증명해냈다. 그리고 오늘날 후진타오와 그의 동료들은 여전히 중국의 권력을 확고하게 장악하고 있다. 이것이 가능했던 이유는 그들이 기존 공산주의 국가에서 직면했던 문제점을 잘 파악했기 때문이다. 중국공산당의 놀라운 지속을 이해하기 위해 네 가지 원인을 살펴볼 필요가 있다.

첫째, 중국공산당 정권은 줄곧 반항적이고 다루기 힘든 집단들을 흡수하기 위해 많은 노력을 기울였다. 이전에 당의 존중을 받지 못하고 중국에서 미미한 영향력만을 행사했던 기업가, 그 가운데서도 특히 1989년 시위를 지지했던 이들은 이제 환호를 받으며 중국공산당에 가입하고 있다. 지식인도 1989년 이후 훨씬 다양한 서적과 신문기사를 접할 수 있게 되었고, 해외 방문도 더 쉬워졌다. 이는 천안문 시위대를 지지했던 상당수 사람들의 불만을 최소화했다. 또한 정부는 천안문사건에 중요한 역할을 했던 학생들의 불평을 줄이기 위해, 대학 생활을 세세한 부분까지 통제하는 정책을 중단했다.

둘째, 중국공산당 정권은 1989년 이후 애국주의 교육을 지속적으로 실시하고, 당과 반제국주의 운동의 역사적 연관성을 강조해왔다. 1989년에 몰락한 폴란드나 헝가리 등의 정권들과 달리 중국은 북한이나 베트남, 쿠바 등 여전히 건재한 다른 공산주의 정권과 마찬가지로 독립 투쟁을 통해 정권을 획득했다.

북한 등의 국가들처럼 중국의 통치자들은 공산당이 제국주의로부터 나라를 구원했음을 과장한 반면 다른 집단의 공로는 축소했다. 현존하는 여러 공산당 정권은 국가주의자와 결합해 스스로를 정당화해왔다. 중국공산당은 자신의 합법성을 드러내기 위해 어김없이 항일투쟁과 한국전쟁에서 당이 수행한 임무를 선전했다(그들은 외세의 침략에 맞서 이웃 나라의 자유를 보호하기 위해 자신들이 한국전쟁에 참전했다고 말한다).

셋째, 중국공산당은 주요 대도시의 생활수준과 소비재 물가의 안정을 위해 애썼다. 지난 세기 말에 몰락한 다른 공산주의 정권은 이를 시도한 적이 없었다. 1989년에 몰락한 다른 공산정권은 표현의 자유처럼 순수하게 정치적인 문제뿐 아니라 물질적인 문제도 안고 있었다. 예를 들어 동베를린 주민은 베를린 장벽 너머 같은 도시에 사는 사람들이 멋진 백화점과 슈퍼마켓을 이용할 수 있음을 알고 있었다. 1989년 당시만 하더라도 우리는 그와 유사한 상황을 상하이와 타이베이에서도 볼 수 있었다. 그러나 이제 두 도시의 그러한 차이는 사라졌다. 유럽의 국가사회주의 정권은 자신들이 자본주의 정권보다 도덕적으로 우월한 데다 물질적으로도 경쟁력이 있다고 주장했다. 그러나 자본주의 정권과의 경쟁에서 공산주의 정권은 자멸하고 말았다. 이에 반해 중국정부는 상품시장을 개방함으로써 그들보다 나은 결과를 낳았다.

넷째, 중국정부는 광범위한 운동이 새로 형성되는 것을 막고자 시위대에 유연한 정책을 취해왔다. 불씨 하나가 초원 전체를 태워버릴 수 있다는 마오쩌둥의 말처럼, 분명 중국은 커다란 불길이 자주 일어나는 나라다. 중국에서는 매년 수만 명의 시위대가 정권의 허가를 받아 시위를 벌인다. 그러나 중국 지도자들은 다양한 수단으로 수많은 불안 요소를 해소함으로써 시위의 불길이 전국으로 번지지 않도록 불씨를 잘 간수해왔다.

## 1989년 이후에 일어난 저항에
## 중국정부는 어떻게 반응했나?

중국 통치자들은 사회 불안 요소를 억누르기 위해 때때로 과격한 수단을 사용하였고, 그 일이 밖으로 새어나가지 않도록 많은 노력을 기울였다. 그러나 어떤 경우에는 덜 엄격한 태도를 취했고, 심지어 시위대가 비판한 지방 관료를 처벌하기도 했다.[4]

이러한 현상은 면밀하게 고찰할 필요가 있다. 그 이유는 중국에서 일어나는 소요의 패턴과 사회 격변의 순간들에 대해 서구 언론에서 많은 관심을 가지고 있고, 중국정부에서 특정 시위에 어떻게 대응할지 영향을 미치는 요인들이 매우 복잡하게 뒤섞여 있기 때문이다.

정권이 특정 시위에 대해 얼마나 강경하게 대처할 것인지, 시위에 관한 정보를 어느 정도 차단할 것인지 결정하기란 쉬운 일이 아니다. 우선 천안문사건이나 1980년대 폴란드의 경우처럼 각지에서 계급 간 연대를 통해 일어난 시위 혹은 둘 이상의 직업군이나 경제 집단의 구성원이 벌인 시위는 특별히 중대하게 다루어진다. 또 다른 중요한 요소는 바로 시위자들의 지리적 분산성이다. 제한된 지역에서 벌어진 시위, 예컨대 소규모

조세 거부, 화학 시설 신설에 대한 주민의 항의 등은 비교적 관대하게 처리된다. 그리고 시위대와 국내외 언론에 대한 정권의 대응 수위에 영향을 주는 세 번째 요인은 정권 비판자들이 얼마나 조직적인가 하는 점이다. 시위 조직이 느슨하다고 판단되면 당국은 군중을 공포에 빠뜨리기보다 완화된 조치를 취하며, 언론의 기사화도 허용된다.

덧붙여 언급해야 할 두 가지 요소가 있다. 첫째, 지정학적 요소는 당국이 대응 수위를 결정하는 데 도움을 준다. 주민 대다수가 이민족인 티베트나 신장 등 국경 지역에서 일어난 소요, 경제적 불만이나 민족적·종교적 분리와 연관되어 자칫 격화되기 쉬운 시위는 무력으로 신속하게 다루는 경향이 있다.

둘째, 시위대에 대한 정권의 관대한 처리는 자신감의 표시로 해석될 수도 있다. 정치학자 케빈 오브라이언Kevin O'Brien은 잦은 시위를 그 나라의 결점으로 여겨서는 안 된다고 강조한다. 시위를 통한 사람들의 불만 표출을 때때로 허용함으로써, 정권은 자신의 힘을 과시할 수 있다는 것이다.[5]

대략 10년 전부터 중국정부는 파룬궁法輪功 진압에 신속하게 착수했다. 아직까지도 이어지는 중국정부의 완고한 태도는 지켜보는 외국인들을 당혹감에 빠뜨린다. 정부의 강경 조치가 시작되었을 무렵, 문제의 파룬궁은 폭력 시위와 관련이 없었고, 외국인은 파룬궁을 단지 정신수양의 일종으로 간주했다. 리훙즈李洪志가 창시한 파룬궁은 어떠한 정치적 주장도 제기하지 않았다. 힘에 대한 그들의 독특한 생각과 그들만의 '과학적 사실'은 대다수 사람에게 단순한 마술 또는 미신으로 여겨졌을 뿐이다.

그러나 앞에서 말한 내용으로 비추어볼 때 중국정부에서 파룬궁을 위험 세력으로 인식한 까닭을 이해하기란 어렵지 않다. 왜냐하면 파룬궁 지지자가 국가 전체, 사회 각계각층에 존재하며 조직력을 갖추었기 때문이다. 중국의 많은 도시에 파룬궁 지부가 있었고, 파룬궁 안에는 심지어 중국공산당 관료도 있었다. 1999년 연좌시위에서는 순식간에 1만 명에 달하는 시위자가 집결해 파룬궁 탄압의 중단을 요구한 바 있다.

그 밖의 다른 이유도 중국정부의 무자비한 파룬궁 탄압의 원

홍콩의 거리에 걸린 파룬궁 선전 현수막

인이 되었다. 이 문제와 관련해 역사학자 데이비드 오운비David
Ownby는 파룬궁이 공산당을 사악한 집단으로 규정하기 전에,
과거 그들이 중국공산당에 보여준 이념적 도전을 떠올려야 한
다고 주장했다. 오운비는 다음과 같이 설득력 있는 주장을 펼
친다. 즉 중국공산당은 중국의 전통과 현대 과학을 기발하게
혼합한 리훙즈의 이념에 위협을 느낀다. 중국공산당은 마르크
스의 '과학적' 사회주의를 통해 중국적인 동시에 현대적인 가치
를 구현하는 유일한 집단으로 스스로를 규정하는 까닭이다.[6]

파룬궁에 대한 중국공산당의 대응은 몇 가지 다른 이유 때문

에 특별한 사례로 간주되어야 한다. 황제 통치 시대에도 종종 자기계발의 성격을 지닌 종파에서 시작된 유토피아주의적 종교운동은 국가 정권을 약화시키거나 위협했다. 공산당은 특히 시위대가 리훙즈처럼 카리스마 있는 인물과 연관되는 것을 경계한다. 따라서 이러한 사실들을 보면 중국공산당이 여전히 앞에서 설명한 일반적인 도식에 따라 대응하고 있음을 알 수 있다. 즉 정권은 여러 계층에 걸쳐 지리적으로 광범위하게 퍼진 조직적인 시위에 위협을 느낀다.

미국을 비롯한 여러 나라 사람이 공통적으로 범하는 실수는 모든 중국인을 충성파 또는 반대파로 단정한다는 것이다. 그러나 사실 중도적인 입장을 지닌 사람들은 예나 지금이나 늘 존재했다.

극단적인 충성파들은 중국의 지도자들이 내놓은 정책을 떠받들고 발전시키려 한다. 그 반대편에 있는 사람들은 통치자에게 공공연히 맞서며, 그들의 입을 틀어막으려는 국가의 조치에 정면으로 도전한다(반대당을 만드는 등). 그러나 대다수 중국인은 이 극단적인 두 집단 사이에 존재한다. 여전히 냉전적 편견에 사로잡힌 사람들은 사회주의 국가에 '비판적 지식인'이 없다고 믿는다. 그러나 중국 내에 비판적 지식인은 분명 존재한다. 그들은 중국공산당의 권위에 직접적으로 도전하지는 않지만, 기존 체제에 비판적인 태도를 취한다.

예컨대 다이칭戴晴은 싼샤三峽 댐● 프로젝트와 같은 정부 정책을 거리낌 없이 비판한다. 그러나 다른 한편으로 그녀는 천안문 시위자들에게 자신들의 주장을 좀 더 부드럽게 표현하라고 충고했으며, 반대당에 가입하지도 않았다. 그녀는 순수한 반

● 창장長江 강 중류 후베이성湖北省 유역에 설치된 세계 최대 규모의 다목적 댐으로, 1994년에 착공되어 2008년 말 완공되었다. 창장 강 유역의 환경에 끼칠 막대한 악영향으로 인해 많은 환경단체에서는 이 댐의 건설을 비판했다.

대파도 아니며, 단순한 충성파도 아니다. 많은 사람들은 그녀가 세간의 이목을 끄는 특별한 사례일 뿐이며, 그녀가 자신의 생각을 비교적 자유롭게 말할 수 있는 까닭은 그녀와 정권 지도부 사이의 관계 때문이라고 주장한다('붉은 공주'라 불리는 그녀는 존경받는 혁명군 관료의 딸이며, 부친을 여읜 후 국가의 고위 장성이자 마오쩌둥과도 각별했던 인물의 양녀가 되었다). 그녀는 감옥에 수감된 적도 있지만, 한 번도 중국 당국의 입국 거부를 당한 적이 없다. 다이칭의 사례는 비록 특별한 경우라고 하더라도 중국인을 단순히 반대파와 충성파로 나누는 데에 한계가 있음을 보여준다.

일반적으로 체제 내에서 활약하는 변호사 운동가도 있으나, 지방 관료의 악폐를 고발하기 위해 투쟁하는 사람도 계속 생겨나고 있다. 또한 단일 쟁점과 연관된 여러 NGO의 구성원들은 에이즈나 환경문제 등 다양한 문제에서 정부의 잘못을 지적하면서도 급진적으로 정부의 변화를 요구하지는 않는다.

한편 잡지 『독서』讀書의 편집인으로 1990년대 후반에서 2000년대 초반까지 활동했던 왕후이汪暉와 같은 학자도 있다. 『독서』가 이단적인 입장에서 주요 이슈를 다룬 글을 실어 여러 정치적 논쟁을 확산시켰음에도, 중국정부는 이 잡지를 줄곧 용인하고 있다. 왕후이는 이제 『독서』의 편집을 맡지 않지만, 정부의 노선과 자신의 입장 사이의 균형을 절묘하게 유지함으로써 지속적으로 사람들의 편의주의적 분류법에서 벗어난다.

그 밖에 흥미로운 인물로 영화감독 자장커賈樟柯를 들 수 있다. 그의 영화는 약자의 삶을 찬미하고 주변부 인물의 인성을 재조명한다. 때때로 그는 은밀하고 전복적인 방식으로 영화를 제작하는 것처럼 보인다. 그러나 그는 지속적인 영화 제작을 위해 정해진 길을 따라 조심스런 행보를 보이기도 한다. 예를 들어 그는 2009년 호주의 국제영화제에 출품하려 했던 다큐멘터리가 당국에 의해 한 '테러리스트'(신장 사태 이후 망명한 위구르족 운동가)의 일대기로 규정되자 행사 참가를 포기했다.7 자장커는 장이머우張藝謀와 달리 예술의 독립성을 지켜온 영화감독으로 각광을 받아왔다. 장이머우 역시 한때 개성 있는 영화감독으로 평가되었지만, 2008년 베이징올림픽 개막식이나 2009년 중화인민공화국 수립 60주년 기념 퍼레이드의 연출을 통해, 자신이 국가의 부름에 충실히 응하는 안무가임을 보여주었다. 물론 두 감독 사이에는 명확한 차이가 존재한다. 그러나 호주 국제영화제의 사례는 그들이 서로 전혀 다른 색깔은 아닐 수도 있음을 드러낸다. 더욱이 자장커는 중국정부에서 2008년 올림픽에 뒤이어 야심차게 준비한 2010년 국제박람회 개최에 맞추어 상하이를 소재로 한 영상물●을 제작했다.

● 2010 상하이 국제박람회를 위해 제작된 다큐멘터리《상해전기》上海傳記(I wish, I Knew)를 가리킴. 이 다큐멘터리는 상하이의 과거와 현재, 미래를 보여준다.

대다수 블로거는 자국에 정치적 변화를 일으키는 데 별로 관심이 없다. 그러나 그들은 흥미로운 주제나 중요하게 생각되는 이야깃거리를 좇아 열정적으로 자신의 의견을 표현한다. 사안에 따라서 그들은 정부 당국의 입장에 부합하는 의견을 적절히 표현하거나 갑자기 방향을 바꾸어 당국에 반대하는 목소리를 낸다.

이와 관련된 좋은 예로 베이징올림픽을 몇 달 앞두고 벌어진 사건을 들 수 있다. 2008년 3월과 4월, 정부 대변인이 성화 봉송 기간 중 서방의 시위자들이 야기한 혼란에 대해 불만을 표출했다(중국인 성화 주자가 파리의 군중에게 구타당했고, 유럽과 미국에서는 '티베트 해방'을 외치는 현수막이 내걸렸다). 이에 중국의 많은 블로거가 애국주의 감정을 표출했고, 그중 일부는 중국의 올림픽을 방해하는 외국인에게 무지막지한 독설을 퍼붓기도 했다.

그러나 성화를 봉송하던 그해 5월 쓰촨四川에서 대지진이 발생했을 때, 중국 공식 언론에서 대지진 관련 기사 옆에 성화 주자의 입국 환영 기사를 경쾌한 어조로 싣자 정부의 입장과 보조를 같이했던 블로거 가운데 일부가 입장을 수정했다. 그들은 다음과 같이 문제를 제기했다. "국가 안위에 관심을 가져야 할 지도자들이, 수많은 인민들이 고통을 받는 이 시점에서 성화 봉송을 중단하기는커녕 환영행사를 여는 일이 과연 옳은가?" 많은 글이 정권에 대한 비판적 어조로 가득 찼다. 중국의 블로거들이 성화 봉송의 일시 중지를 요구했다는 점은 중국 내부의 민족주의 성격이 얼마나 복잡한지, 왜 충성파와 반대파의 구분이 불충분한지를 보여준다.

인터넷 사용자와 비사용자 사이에서 생겨나는 '정보화 격차'가 점차 문제가 되고 있다. 정보화 격차는 전 세계적인 현상이다. 이 현상은 노트북을 사용해 신속한 인터넷 접근이 가능한 사람, 단지 PC방에서만 인터넷을 사용하는 사람, 어쩌다 한 번씩 인터넷을 사용하는 사람 등의 구별을 통해 잘 드러난다.

그러나 정부의 정교한 검열 시스템으로 인해 중국에서는 이와는 다른 구별법이 존재한다. 일부 사람들은 중국의 검열 시스템을 '만리장성 방화벽' 또는 '인터넷 보모保姆'라 부르기도 한다. 그러한 시스템은 특정 사이트에 접근할 수 없도록 하기도 하고, 민감한 검색어를 입력할 경우 결과물이 뜨지 않게 하거나 정부가 허용하는 정보만을 얻을 수 있도록 조치한다.

예를 들어 중국의 인터넷에서 '6월 4일'이라는 검색어는 아무런 결과물도 제공하지 않는다. 또한 검색어 '천안문'은 천안문광장과 관련된 공식 사이트만을 보여줄 뿐, 1989년 당시 화제가 된 학생 성명서의 내용을 담은 해외 사이트를 보여주지는 않는다. 그러나 '만리장성'을 우회하고 '인터넷 보모'를 낙담시키는 방법은 존재한다. 프록시서버나 VPN(가상사설망)을 통해 중국 내 컴퓨터를 마치 다른 나라에 있는 것처럼 보이게 만들 수 있다. 즉 중국에서는 이러한 기술에 익숙한 정도에 따라 '정보화 격차'가 나타날 수 있다.

매년 10월 1일에 열리는 중화인민공화국 수립 기념일 경축 행사를 포함해, 중국의 대규모 행사는 중국공산당의 정치 생명 연장에 중요한 역할을 해왔다. 최근 중국정부는 영화제나 대규모 스포츠 행사 등 많은 사람을 중국으로 불러 모을 수 있는 국제 규모의 행사를 개최하고자 노력했다. 그리고 베이징올림픽은 중화인민공화국에서 개최한 기존의 어떤 행사보다도 큰 규모로 치러졌다.

중국에서 올림픽 개최를 처음 제안받은 것은 1900년대 초였다. 그 시기 올림픽은 중요한 국제 행사로 부상하기 시작했지만, 만국박람회에 비하면 중요성이 훨씬 떨어졌다. 중국정부는 20세기 말에 이르러서야 국제올림픽위원회IOC에 올림픽 개최를 공식적으로 요청했다.

2001년, 중국정부는 2008년도 올림픽 개최지 결정 소식에 열광했다. 올림픽이 세계인의 이목을 집중시키고 개최국에 큰 명예를 부여하는 초대형 이벤트임을 아는 중국인은 IOC의 결정에 흥분을 감추지 못했다.

오늘날 중국정부는 거대한 노동력과 자본을 필요로 하는 대규모 행사의 주최를 무엇보다 중요하게 여긴다. 그러나 그들은 행사를 준비하면서 여전히 낡아빠진 노선을 따르고 있다.

1896년 아테네올림픽 이후 여러 나라, 그중에서도 특히 처녀 개최국에서는 올림픽 개최권을 자국의 지위를 보여주는 징표로 여겼다. 올림픽은 개최지의 중요성을 확인시켜주며 개최국 도시의 심장부와 그 밖의 지역을 새로운 국제적 관심지로 떠오르게 한다. 또한 올림픽은 한낱 정치적 변방에 불과한 지역의 위상을 회복시키기도 한다(1964년 도쿄올림픽의 경우처럼). 베이징올림픽 역시 이것들을 모두 성취한 것으로 보인다.

## 2008년 올림픽을 위해 중국은
## 특별히 무엇을 준비했나?

베이징올림픽은 전 세계적으로 유례없이 거대한 규모로 치러졌다. 개막행사는 이제껏 어떤 올림픽에서도 보지 못한 정교한 점화식에서 시작되었다. 영화감독 장이머우는 첨단 기술과 막대한 비용을 들여 과거 어떤 개막식보다도 사치스러운 볼거리를 제공했다.

올림픽이 베이징에 야기한 건설 붐은 오랫동안 베이징에 살았던 주민을 주변 지역으로 이주시켰다. 베이징 건설 붐은 올림픽 행사보다 더 공들여 진행되었고, 막대한 비용과 많은 논쟁을 불러일으켰다. 만약 적절한 보상금과 대체 시설이 제공되었다면 이주민은 기꺼이 자신의 보금자리를 옮기려 했을 것이다. 그러나 보상금은 너무 적었고, 정든 이웃과 고향을 떠나는 것은 괴로운 일이었다. 폭력을 동원하거나 관료와의 연줄을 이용해 불공정한 이득을 취한 개발업자는 거센 비난을 받았다. 또한 베이징에서는 지상 교통 체계를 개선하고 최첨단 국제공항을 새로 건설하기 위해 각별히 공을 들였다.

베이징올림픽은 전통적인 올림픽 개막식 공연의 외연을 확장했을 뿐 아니라 새로운 차원으로 승화시켰다. 장이머우가 지출한 예산과 그가 고용한 배우의 규모는 어마어마했다. 게다가 그는 몇몇 유명한 외국인 안무가, 연출가, 제작자를 데려다 자신의 고문으로 앉혔다. 그중에서도 스티븐 스필버그는 최고의 유명 인사였다. 그러나 스필버그는 미아 패로를 비롯한 여러 사람이 '집단 학살 게임'이라고 부른 그 올림픽과 얽히고 싶지 않다며 도중에 그만두었다. 한편 베이징올림픽은 광범위한 대중 교육 운동을 실시해, 중국인들에게 품위와 예절, 올림픽의 역사와 정신을 일깨워주었다.

## 079 올림픽 개최는 지금의 중국에 대해 무엇을 말해주나?

중국은 특별히 공들여 준비한 베이징올림픽을 성공적으로 치러냈고, 2010년 상하이 국제박람회라는 또 다른 국제 행사를 개최했다. 과거의 만국박람회와 유사하며 오늘날 '경제 올림픽'이라 불리는 국제박람회는 중국에서 심혈을 기울여 준비한 초특급 이벤트이다. 올림픽이나 국제박람회 같은 대규모 행사의 개최는 국제사회에서 새롭게 부상하는 국가의 필수 코스이다. 미국은 1876년과 1900년대 초에 각각 만국박람회와 올림픽을 개최했다.

국제박람회와 하계올림픽에 관한 가장 중요하고 일반적인 사실은 이것들이 상징적으로나마 전 세계 국가를 경제력, 군사력, 국제 질서로의 편입 여부에 따라 계층화한다는 점이다(과거에는 국제박람회가 가장 중요한 대규모 국제 행사였지만, 텔레비전과 영상미디어 기술의 발전에 힘입어 오늘날에는 올림픽이 더 주목을 끌고 있다). 이러한 사실은 오늘날 주요 대규모 국제 행사의 개최권이 오직 강대국에만 주어진다는 점에서 드러난다. 국제박람회가 가장 저속했던 시대에는 각종 전시물이 후진국과 선진국의 구분을 시각적으로 강화했다. 당시 후진국

2010 상하이 엑스포 건설 현장 ⓒ연합뉴스

은 자신들의 이국적인 전통과 수공예품을 주로 전시했고, 토속적이고 화려한 복색을 갖춘 사람들이 전시된 그곳은 '인간 동물원'이라 불렸다. 반면 선진국은 새로운 기술 진보를 보여주는 기계 장치와 거대한 전쟁 무기를 전시했다. 거대한 대포는 초창기 국제박람회에서 가장 인기 있는 전시물 중 하나였다.

국제박람회가 유행하던 시절, 그것이 주로 제국주의 국가의 수도에서 개최되었음은 우연의 일치가 아니다(1855년과 1900년 사이에 파리에서는 네 차례를 개최했고, 런던에서는 처음 세 차례 중 두 차례를 개최했다). 박람회를 개최한 최초의 비유럽 국가는 미국이었다. 개최 당시 미국은 급속히 산업화, 도시화되고 있었고 오늘날 중국처럼 스스로를 국제무대의 강국이라 주장했다.

하계올림픽이 국제박람회보다 훨씬 중요한 위상을 갖게 된 냉전 이후 아시아에서 최초로 올림픽을 개최한 나라는 세계 제2의 경제대국으로 부상하던 일본이었다. 만국박람회와 유사한 국제박람회를 아시아 최초로 개최한 도시도 1970년 일본의 오사카였다.

대규모 행사를 개최하기 적합한 국가와 단지 대규모 행사에 대표단을 파견하는 것으로 만족해야 하는 국가 사이의 구분은 국제적인 지배력과 영향력에 따라 형성된다. 물론 예외는 있다. 가장 눈에 띄는 예는 올림픽을 두 차례나 개최한 그리스다. 이는 그리스와 올림픽 사이의 역사적인 관계, 그리고 국제적 위상과는 무관한 그리스의 고전주의적 역할 때문에 가능한 일이었다. 그러나 일반적으로 대규모 행사의 개최는 그 나라의 경제력이나 정치력을 상징적으로 보여준다.

이미 언급했듯이 1900년대 초에 중국은 올림픽과 국제박람회 개최를 꿈꿨다(유명한 중국 지식인 한 사람은 1902년에 쓴 과학소설 속에서, 1962년 상하이에서 국제박람회를 개최하는 상상을 했다•). 또한 그 시기 중국은 올림픽에서 메달리스트를 배출한 나라가 되기를 바라기도 했다.

---

• 이 '지식인'은 청나라 말 유신파維新派의 한 사람이었던 량치차오梁啓超를 가리킨다. 그는 1902년에 쓴 『신중국미래기』新中國未來記에서 이런 상상을 했다.

두 번째 꿈이 지닌 중요성은 정치적인 고려와 밀접하게 연관되어 있다. 그들은 '아시아의 환자'(이는 오스만제국에 붙었던 '유럽의 환자'라는 별명과 함께 전 세계에 퍼졌다)라는 국제적인 평가를 벗어버리고 싶었다. 처음에는 서구 열강에, 나중에는 일본에 패배하면서 생긴 그 별명은 중국의 모든 민족주의자가 다양한 정치적 색깔과 상관없이 공통적으로 떼어내고자 한 꼬리표였다.

대내외적으로 지속적이고 광범위하게 퍼졌던 그 별명에 대한 중국인의 불만은 20세기 내내 여러 가지 방식으로 드러났다. 일례로 20세기 초 중국의 유명한 무술영웅 훠위안자霍元甲(곽원갑)의 업적은 리샤오룽李小龍(이소룡), 이롄제李連傑(이연걸)를 비롯한 많은 배우를 통해 재현되었다. 그는 정무문精武門이라는 무술 도장의 지도자로 알려져 있지만, 그보다도 일본을 비롯한 외국 도전자들과의 무술 시합에서 승리를 거둔 인물로 더욱 유명하다.

마오쩌둥과 장제스가 모두 젊은 시절의 글에서 신체 단련의 중요성을 강조하고, 마오쩌둥이 말년에 자신의 정력을 대중에게 과시한 것(그가 창장 강을 헤엄쳐 건넌 일화는 유명하다)은 모두 앞에서 설명한 내용과 관련이 깊다. 올림픽의 영광을 향한 중국의 노력은 많은 메달의 획득이건, 지난 세기부터 금세기까지 지속된 올림픽 개최 시도이건(중국은 벌써 다음 올림픽 신청에 관해 논의하기 시작했다) '약한 나라'의 느낌을 떨쳐내려는 그들의 욕구를 반영하는 듯하다.

## 대규모 이벤트가 앞으로도 계속
## 중국에 중요할까?

　올림픽 이후에도 중국은 지속적으로 대규모 행사를 개최할 기회를 노릴 것이다. 최근 중국이 치른 가장 중요한 행사는 2010년 5월 1일부터 10월 31일까지 상하이에서 개최된 2010 국제박람회이다. 이 행사는 1851년 런던의 '수정궁' 만국박람회와 시카고를 세계인의 뇌리에 각인시킨 1893년 콜럼버스 신대륙 발견 400주년 기념 만국박람회 등과 유사한 성격을 띤다. 이제 중국은 오늘날 올림픽에 버금가는 스포츠 이벤트를 개최하기 위해 애쓰고 있다. 그것은 다름 아닌 FIFA월드컵이다.

　중국은 국제 규모의 이벤트 개최를 통해 공공연한 신화와 현실 모두에 기초한 한 가지 전망을 명확히 제시한다. 즉 오랫동안 낮은 지위에 머물렀던 중국이 이제 옛 강대국의 지위를 회복하고 있다는 것이다. 위대한 만국박람회의 시대였던 19세기에 주변국에 불과했던 중국은 21세기 들어 국제적 행사의 주인공으로 스스로를 탈바꿈하여, 세계인의 이목을 끌고 예전의 지위를 되찾으려 한다.

2008년 베이징올림픽에 막대한 비용을 투여한 중국정부에서 곧장 국제박람회 개최를 위해 새로운 노력을 쏟아붓자 많은 외국인이 어리둥절해했다. 더욱이 중국정부에서는 올림픽에 쏟았던 것에 버금가는 에너지를 엑스포에 부었다.

그러한 어리둥절함의 원인은 국제박람회기구BIE 주관의 국제박람회가 오늘날 유럽과 북미에서는 굳이 일류도시에서 개최될 필요가 없는 소규모 행사로 간주되는 경향에서 비롯한다. 2000년에는 독일의 하노버, 2005년에는 일본의 아이치에서 국제박람회가 개최되었다. 그리고 올림픽 개최 후보 도시로는 전혀 꼽히지 않을 뉴올리언스가 미국 도시 중 가장 최근(1984년)에 국제박람회를 개최한 도시이다. 이러한 사실로 보면 중국의 지방 및 중앙 정치인이 국제박람회를 '경제 올림픽'이라 선전하고, 올림픽과 국제박람회를 연관 지으려 노력하는 상황이 특이하게 느껴진다. 중국정부는 사람들이 국제박람회를 올림픽에 뒤이어 개최되는 부수적인 행사가 아니라, 올림픽과 어깨를 나란히 하는 대규모 행사로 여기기를 바란다.

2010년 상하이 국제박람회는 사전 준비부터 2008년 베이징올림픽에 제시됐던 청사진을 따랐다. 상하이 국제박람회는 하나의 표어(베이징올림픽에서 쓰인 '하나의 세계, 하나의 꿈'에 대응하는 '보다 나은 도시, 보다 나은 삶')와 주제가, 사람들이 국제박람회의 역사에 친숙해지도록 하는 교육 캠페인을 마련했다. 예를 들어 중국정부는 유명한 에펠탑이 건립된 1889년의 파리 만국박람회처럼, 중국이 과거에 참가했고 사람들에게도 잘 알려진 과거 만국박람회의 역사를 사람들에게 널리 알렸다. 또한 베이징올림픽의 깜찍한 마스코트 '푸와'는 이제 국제박람회의 마스코트인 '하이바오'(검비Gumby와 유사하게 생긴)●라는 친구를 갖게 되었다. 게다가 국제박람회 준비 기간 동안 상하이는 베이징올림픽의 베이징처럼 (박람회 행사장과 그 주변의) 거대한 기간 시설 조성과 건축 프로젝트를 통해 인상적으로 개조되었다.

베이징과 마찬가지로 주민의 주거 재배치를 통한 상하이의 신개발은 방대한 지역에서 시행되었다. 상하이 국제박람회는 역사상 최대 비용을 들인 행사이자, 상하이시에 가장 큰 족적을 남긴 행사가 될 것이다. 이 행사의 전시관을 메우게 될 참가국도 역대 최다이다. 전시관에는 과거 만국박람회나 국제박람회처럼 각국의 문화, 역사, 생산품, 그리고 특정 국가의 첨단 기술 제품이 진열된다.[8]

● 미국 여성 기자 한 사람이 상하이 국제박람회의 마스코트인 하이바오가 미국의 만화캐릭터 김비를 닮았다는 이유로 표질 의혹을 제기했다.

푸와

중국은 향후 한 세기 동안 발전을 지속해 '아시아의 환자'라는 오명에서 벗어나려 한다. 2008년 올림픽과 2010년 국제박람회는 이를 위한 한 쌍의 신호탄으로 해석될 수 있다. 중국은 대규모 국제 행사를 개최할 능력이 있는 자국 도시가 두 군데 이상임을 보여주려 한다. 중국의 초대형 이벤트 개최지는 베이징과 상하이에 그치지 않을 듯하다. 비록 규모 면에서 올림픽과 다소 차이가 있지만, 국제박람회 폐막 직후인 2010년 말에 광저우는 올림픽만큼이나 호화로운 '아시안게임'을 개최했다.

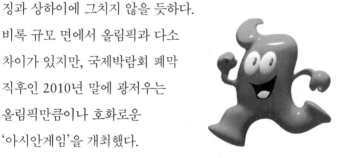

하이바오

'1가구1자녀 정책'은 서구에서 1979년 이후 중국의 산아제한 정책을 언급할 때 사용하는 개념으로, 다소간 오해를 불러일으켜왔다.

첫 번째 오해는 특정 부부의 경우 예외적으로 한 자녀 이상을 가질 수 있음을 간과한 데서 기인한다(그 정책이 시행된 대부분의 시기에 한족 이외의 소수민족 부부는 1자녀 이상을 가질 수 있었다). 두 번째 오해는 국가가 통일된 정책이 아닌 다양한 방법으로 산아제한을 달성하려 했음을 알지 못한 데서 비롯한다. 즉 중국정부는 정책 시행을 위한 종합적인 계획을 마련하는 대신, 지방 관료에게 각각 융통성을 발휘해 목표를 달성하도록 했다.

1가구1자녀 정책의 목표는 간단하다. 대다수 부부가 한 명 내지는 최대 두 명의 아이만을 갖도록 해 가족의 규모를 제한하는 것이다. 두 자녀 이상을 갖지 못하도록 집중적인 홍보 캠페인을 벌임으로써 산아제한은 어느 정도 목표를 달성했다.

서구에서 이러한 정책을 비판하는 이유는 여러 가지다. 특히 미국인이 제기한 비판은 낙태를 둘러싼 논쟁과 관련이 있다.

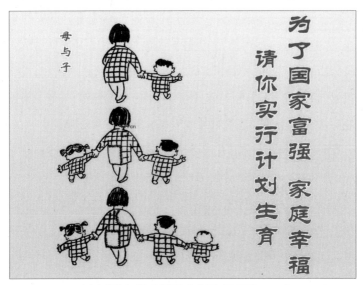

나라의 부강과 가족의 행복을 위해 1자녀를 두자는 포스터

몇몇 인구통계학자는 1950년대 초에 태어난 중국의 베이비붐 세대(마오쩌둥은 중화인민공화국의 힘이 많은 인구에서 나온다고 말했다)가 1970~1980년대에 출산 연령에 도달했다 해도, 엄격한 산아제한 정책으로 인구 증가를 막을 필요가 있었는지 의문을 품었다. 그러나 최근 중국정부에서는 인구의 고령화로 인한 미래의 노동력 부족을 우려해 산아제한 정책을 완화할 기미를 보이고 있다.[9]

한편 낙태 반대자 가운데서도 특히 미국의 중요한 단체 하나

(이 단체의 구성원은 소수이지만 매우 강력하게 자신들의 주장을 펼쳐왔다)는 원치 않는 임신을 중절하는 일반적인 방법으로 낙태를 권하는 가족계획에 분노한다. 엄격한 산아제한 정책의 시행 압력에 못 이겨 지방 관료가 젊은 여성에게 임신중절을 과도하게 요구하거나 심지어 협박하기도 했던 것이다.

정부가 '생리 감시단'을 운용해 여성의 생리 여부를 감시하거나 아이의 출산 시기, 출산 횟수 등 지극히 사적인 영역까지 통제하는 것에 대해 미국인은 혐오감을 느끼기 쉽다.[10] 아이를 적게 낳아야 우수한 아이를 가질 수 있다는 신빙성 없는 우생학적 관념을 선전하는 일도 마찬가지다. 그러나 중국의 산아제한 정책이 항상 누구에게나 강제적인 것은 아니다. 한족 이외의 55개 소수민족에 속하는 부부는 아이를 더 가질 수 있기 때문이다.

일부 미국인은 그것을 사실로 믿지만, 실제로는 그렇지 않다. 여아 살해는 혁명 이전 중국에서 널리 행해졌으나 1949년 이후 차차 줄어들었다. 그러나 1980년대 초반 사람들은 여아 살해의 부활을 지켜보았다. 적어도 남자아이로 한 자녀를 갖기 원하는 부부들 사이에서는 여아를 낙태하는 일이 벌어졌다. 이러한 현상은 일부 농촌 지역에서 성비 왜곡을 야기했다. 유년기를 거치면서 남자아이가 여자아이보다 더 많이 살아남았다. 중화인민공화국에서 빈번하게 일어난 그 현상은 도덕적인 면에서도 문제였지만, 배우자를 구하지 못한 젊은 남성을 증가시켜 커다란 사회문제를 초래했다.

미국인의 오해는 여아 살해나 성별 선택적 낙태를 '1가구1자녀 정책'의 일부로 간주한 데서 일어났다. 그러나 여아 살해나 낙태, 남편이나 시부모가 남자아이를 낳지 못한 여성을 학대하는 행위는 '1가구1자녀 정책'에 대한 반항으로 이해하는 것이 바람직하다. 소규모 가정의 장점과 외동딸이 주는 행복을 끊임없이 선전하는 포스터에서 볼 수 있듯이, 중국정부는 오히려 아들만큼 딸을 선호하도록 유도한다.[11]

부부가 여아 임신에 만족하지 못하고 낙태를 시도하는 것은 정책에 대한 순응이 아니라 반발에 가깝다. 중국정부는 남아선호사상 근절 실패에 책임을 느낄 것이다. 산아제한을 위한 최근의 몇몇 정책이 도리어 남아선호사상을 강화한 것은 정부에서 예상하지 못한 일이었다. 농촌에서 토지 사유화가 가속화되던 시기에도 여성이 가사를 담당해야 한다는 통념은 사라지지 않았고(1950년의 신혼인법이 전혀 개정되지 않은 것도 그와 같은 통념이 지속된 원인이었다), 결혼과 출산을 통해 가족에 노동력을 제공해야 한다는 동기도 여전히 강력하게 존재했다. 한편, 여성은 결혼해서 친정을 떠나면 시집에 노동력을 제공해야 했다. 이러한 통념과 현상은 남아선호사상을 부추겨 1980년대 초반에 여아 살해를 조장했다. 그러나 여아 살해가 국가 정책의 일부였다고 말하는 것은 중국의 지도자들이 여아 살해를 방지할 수 있었다거나 그들의 정책이 예기치 않게 여아 살해를 부추겼다고 말하는 것과 크게 다르다.

오늘날 중국의 복잡한 정치, 경제 시스템을 정리하기란 쉬운 일이 아니다. 마오쩌둥 시대 이후 그리고 천안문사건 이후에 중국이 걸어온 발자취는 역사 발전에 관한 몇 가지 기본 원칙을 뒤흔들고 있는 것 같다. 산업화와 도시화는 유례없이 급속도로 광범위하게 진행되고 있다. 이는 중국의 발전이 싱가포르 등 다른 인접 아시아 국가들의 급속한 성장과 사뭇 다르게 보이도록 만든다.

더욱이 다른 어떤 공산주의 국가도 중국과 같은 폭발적인 경제성장을 경험한 적이 없다. 중국공산당의 이런 특수성은 지난 세기에 몰락한 국가사회주의 정권들과도 다르고, 여전히 존속하고는 있지만 경제적으로는 실패한 북한의 공산당과도 다르며, 쿠바나 베트남과도 차이가 있다(쿠바나 베트남 정권은 북한에 비해 성공적으로 유지되고 있지만 중국처럼 높은 성장률을 보여주지는 못한다).

게다가 중국은 어떤 면에서 자본주의와 사회주의의 구분을 뒤죽박죽으로 만들었다. 물론 스칸디나비아반도의 스웨덴을 비롯한 여러 나라도 '자본주의'와 '사회주의'를 결합하고 있다고 일컬어진다. 또한 (미국을 포함해) 그 밖의 나라들도 공적 영역과 사적 영역 사이의 구분선이 그다지 선명하지 않아 퇴직한 공직자가 사기업의 고문이 되기도 한다. 그러나 중국의 경우는 '자본주의'와 '사회주의', '관료'와 '기업가' 사이의 경계를 파악하기가 더욱 어렵다.

그 이유는 비록 대규모 국영國營기업이 여전히 존재하면서 전체 경제에서 주도권을 발휘하고 있지만, 중국의 급성장은 개인 기업가의 활약과 외국인 투자에 힘입은 바가 크기 때문이다. 게다가 다수의 신흥 '사영'私營기업이 공산당 지도자의 자녀들에 의해 운영되고 있음이 밝혀졌으며, 자본주의에 반대한 마오쩌둥 사상의 퇴조를 상징적으로 드러내는 여러 호화 호텔은 한때 마오쩌둥이 이끈 인민해방군의 투자를 받고 있다.[12]

중국을 '족벌 자본주의'(이 개념은 과거 특정 시기의 남아메리카 국가나 인도 등의 경제 체제를 가리킬 때 사용되곤 했다)로 보는 것도 어느 정도 쓸모가 있을 것이다. 그러나 그 개념이 지금의 중국을 비교적 정확하게 표현한다 해도 완벽한 개념이라고 볼 수는 없다.[13]

온갖 모순되고 혼란스러운 요소 때문에 중국을 특정한 국가 범주에 천편일률적으로 포함시키는 일은 매우 어렵다. 따라서 많은 분석가가 중국의 특수성을 파악하는 가장 좋은 방편으로 새로운 개념을 만들어냈다. 예를 들어 니콜라스 크리스토프 Nicholas Kristof는 '시장 레닌주의'라는 신조어를 만들었고, 어떤 정치학자는 (중국 관방에서 말하는 '중국 특색의 사회주의'를 빗대어) '중국 특색의 자본주의'라는 표현을 사용했다.[14] 이러한 개념들은 저마다 가치가 있지만 중국의 특징을 과장할 위험도 안고 있다. 중국이 걸어온 복잡하고 혼란스러운 노선을 사람들은 독특하게 생각하지만, 어떤 면에서 중국은 다른 나라에서 일어났거나 현재 일어나고 있는 일들을 반복하고 있다.

중국이 지닌 매력과 문제점을 설명하고, 다른 나라와 공유하지 않는 중국만의 특수성을 강조하기 위해 열거할 수 있는 사례는 적지 않다. 종종 나란히 논의됐던 중국과 인도의 경우를 보자. 두 나라는 보통 서로 대조적인 연구 결과로 언급된다. 인도는 연방제 국가로서 지방에 많은 자치권을 부여하고 세계에서 가장 민주적인 나라로 일컬어지는 데 반해, 중국에는 선거제도가 없다. 이처럼 '용'과 '코끼리'의 노선은 매우 다른 것으로 간주되어왔다.

그러나 세계에서 가장 인구가 많은 두 나라의 경험에는 유사점이 많으며, 그것들은 서로를 비추는 거울 역할을 한다. 1940년대 중국은 같은 시기 인도와 마찬가지로 민족국가의 형태로 근대화를 시작했고, 1950년대에 두 나라는 경제개발 5개년 계획을 적극 추진했다. 냉전으로 세계가 공산주의와 자유주의로 양분된 1960년대에도, 중국과 인도의 지도자들은 조국을 각각 소련과 미국의 그림자로부터 끄집어내어 새로운 노선을 개척하기 위해 노력했다. 1970년대 말에 이르러 두 나라의 정치 지도자들은 자기만의 발전 노선을 찾아냈고, 모두 싱가포르 모델에 매료되었다. 싱가포르는 규모 면에서 중국이나 인도와 너무도 다르지만, 과거에 제국주의 아래서 신음했고 독립 후에 커다란 경제성장을 경험했기 때문이다.

한때 중국과 인도는 중요한 특징을 공유한 나라로 여겨졌다. 또한 두 나라는 각기 독특한 면을 지니며 서로의 발전에 영향을 미치기도 했다. 예를 들어 오늘날 중국은 더 이상 '후진적인' 국가가 아니라 '근대적인' 국가임을 보여주기 위해 대규모 행사를 개최하는 데 관심을 쏟고 있으며, 인도는 이를 모방하고 있다. 올림픽과 유사한 행사인 2010년 뉴델리 영연방대회 Commonwealth Games●가 그 예이다. 그들은 베이징올림픽처럼 비용을 많이 들이거나 허세를 부리지 않으면서도, 2008년 올림픽의 사전 준비를 떠올리게 하는 도시 재개발 운동을 추진했다. 베이징올림픽이 성공적으로 막을 내린 후 인도 언론은 절망에 빠졌다. 그들은 중국이 보여준 것과 같은 품위 있는 볼거리를 상연하기 어려울 것 같았기 때문이다. 그러나 그러한 대회들은 제국주의 시대에 갖게 된 낙후의 느낌을 떨쳐내려 하는 두 나라의 야심을 공통적으로 부각시킨다.

중국과 인도 사이에는 그 밖에도 많은 유사성이 존재한다. 예를 들어 2009년 신장에서 발생한 폭력사태를 떠올려보자. 인도의 저널리스트이자 다년간 신문 『힌두』The Hindu의 베이징지국

---

● 4년에 한 번씩 영국 연방국가 사이에 개최되는 종합스포츠대회로, 2010년에는 인도의 뉴델리에서 개최되었고, 2014년에는 스코틀랜드 글래스고에서 개최될 예정이다.

장을 역임한 팔라비 아이야르Pallavi Aiyar는 서구 언론에서 "포악한 독재와 순결한 자유 사이의 곤경을 보여주는 최후의 증인"으로 찬사를 받는다. 그러나 아이야르는 "신장사태를 국가와 시민 사이의 최초의 대결이라고 보는 것은 잘못이다"라고 말한다. 그녀에 따르면 180명의 희생자(이들 중 위구르족보다 한족 희생자가 더 많았다)가 발생한 그 사건의 '이야기 틀'은 "중국의 정치적 변화를 원하는 서구의 근본주의적 처방에 딱 들어맞았다." 따라서 이 사태에 대한 보다 적절한 접근법은 그러한 이야기 틀을 동일한 범주 안에 두어, 종교적으로 왜곡된 중국 내 집단 폭력과 오늘날 인도의 다수 주민 사이에서도 빈번히 발생하는 폭력을 서로 비교해보는 것이다.●●

2009년 7월에 발생한 폭력사태를 냉전적 범주에서 벗어나 간결하고 효과적으로 이해하기 위해 아이야르는 다음과 같이 말한다.

신장에서 소수민족인 위구르족 토착민은 다수민족인 한족으로부터 받는 민족차별주의에 불만을 느낀다. 반면, 한족은 위구르족을 제멋대로 굴면서 감사할 줄 모르는 집단이라고 말한다. 그런데 사소한 사건 하나가 두 공동체 사이의 긴장 관계에 불을 지폈고, 위구르족이 일으킨 폭동은 다시 한족의 보복성 공격을 불렀다. 오랫

●● 요컨대 서구인의 관점으로 형성된 이야기의 틀이 아닌, 유사한 사건이 일어나고 있는 다른 나라(여기서는 인도)와의 비교로 형성된 이야기의 틀을 가지고 중국의 사태를 다시 살펴보자는 것이다.

동안 평화롭게 이웃하며 지낸 한족과 위구르족은 돌연 서로를 적대시하기 시작했다. ……

인도의 소수 집단과 다수 집단 사이에 벌어지는 충돌의 메아리는 아주 크고 분명하다.[15]

아이야르는 한족 거주 지역을 우선 개발하는 경제 정책을 포함해, 위구르족을 격분시킨 중국정부의 정책을 숨김없이 보여준다. 그러나 그녀는 인도의 상황에 익숙해진 관점으로 그 사태의 집단폭력적 성격만을 강조함으로써 더욱 중요한 면을 놓칠 수 있다고 말한다. 그리고 그녀는 인도에서 무슬림과 비무슬림 집단 사이에 폭력이 발생할 때, 비무슬림 집단에 대한 인도정부의 지지가 한족을 지지하는 중국정부보다 균형감을 상실할 때가 많다고 주장한다. 2009년 7월의 폭력사태로 인해 촉발된 정부의 탄압으로 한족보다 많은 위구르족이 체포된 것은 분명 중요한 사실이다. 그러나 이와 같은 사실은 아이야르가 새롭게 만든 이야기 틀의 가치를 손상시키기보다는 오히려 그 중요성을 더해준다.

중국정부의 인터넷 정책은 신장 등 국경 지역에 대한 정책과 마찬가지로 중국의 특수성을 과장하게 만든다. '만리장성 방화벽'이라는 재치 있는 명명법은 중국의 특수성에 대해 환상을 제공한다. 중국의 가장 유명한 문화재 명칭을 수사적으로 비튼 이 개념은 비단 서구 비평가에 의해서만 사용되는 것이 아니다. 정부의 인터넷 감시 체계를 회피하려는 많은 중국 블로거도 이 표현을 즐겨 사용한다. 이 때문에 '방화벽 등반가'라는 말이나 관련 이미지가 2009년 당시 중국의 사이버공간에서 매우 유행했다.[16] 그러나 '방화벽 만리장성'이라는 개념 때문에 외국에는 중국정부의 인터넷 정책과 유사한 사례가 없다고 생각하면 안 된다.

사실 많은 정권이 자국 영토 안에서 그와 같은 온라인 시스템을 통제하고 제한하기 위해 애쓴다. 이란정부가 그러한 예에 해당한다. 중국과 이란 블로거의 공통점은 과거에도 알려진 바 있다. 그러나 인터넷 통제라는 점에서 중국과 이란의 유사성은 특히 2009년 7월에 분명하게 드러났다. 이달은 베이징 당국에서 1989년 시위자들의 천안문사건 20주년 기념 온라인 토론회

● '만리장성 방화벽'이란 중국정부가 특정 인터넷 주소나 사이트의 접근을 통제하기 위해 설치한 방화벽 시스템을 말한다.

를 통제하면서 시작되었고, 테헤란 당국에서 트위터 등의 소셜 미디어 단속과 대중운동과 관련된 정보 유포 금지에 완벽하게 실패하면서 끝났다(테헤란 당국의 전략은 베이징 당국에 비해 정교하지도, 신속하지도 않았다).[17]

탈권위주의적 정권들도 일반적으로 '포르노그라피'로 간주되는 특정 온라인 커뮤니티를 제한하려 한다. 중국정부가 인터넷을 통제하기 위해 사용하는 몇몇 정교한 수단은 특수성을 띠지만 베이징의 지도자들이 유별난 것은 아니다. 내가 '인터넷 보모'라는 개념을 좋아하는 까닭은 이 개념이 중국을 네티즌으로 하여금 올바르게 인터넷을 사용하게 하고 '해로운' 온라인 행위를 정화하는 데 많은 노력을 기울이는 많은 나라 가운데 하나로 간주하게 만들기 때문이다.[18]

중국은 독특한 역사와 거대한 인구 등의 이유로, 오직 인도만이 어깨를 나란히 할 수 있는 특이한 나라로 인식되어왔다. 또한 중국은 어떤 면에서 다른 나라와 상이한 정치 노선을 지닌 국가이기도 하다. 그러나 어떤 나라의 현 상황을 이해하려면 우리는 그 나라와 다른 나라 사이의 공통점과 차이점을 아울러 고려할 필요가 있다. 그리고 다음 장에서 살펴보겠지만, 미국인은 오늘날 중국을 비롯한 모든 나라가 각자 나름의 중요성을 지니고 있음을 깨달아야 한다.

5

# 미국과 중국의 오해들

**087**

## 미국인이 중국에 대해
## 가장 흔히 오해하는 것은 무엇인가?

앞에서 우리는 미국인이 오해하는 중국에 관한 몇 가지 중요한 진실을 살펴보았다. 예를 들어 우리는 '1가구1자녀 정책'에 관한 논의를 통해 다른 이슈에서도 공통적으로 나타나는 한 가지 경향에 집중했다. 즉 미국인은 중국정부의 정책이 초래한 예상 밖의 부작용을 정책의 일부로 다루는 경향이 있다. 또한 천안문사건에 관한 논의는 최근에 발생한 역사적 사건이 어떤 식으로 종종 오해되는지 보여준다. 그리고 일반적으로 미국인은 '5천 년 동안' 변함없는 중국인이라는 신화적 관념을 단순한 진실로 받아들이는 경향이 있다. 물론 이러한 관념은 중국정부의 선전이나 대형 이벤트에서 비롯된 것이기도 하다.

미국인이 중국에 대해 갖고 있는 가장 뿌리 깊고 완고한 오해를 바로잡으려면 보다 폭넓은 논의가 필요하다. 중국의 특수성에 대한 미국인의 편협한 이해는 중국이 유사한 사람들로 이루어져 있다거나, 하나의 커다란 그룹과 다수의 조그마한 그룹으로 이루어져 있다는 생각을 낳았다. 이미 앞에서 우리는 중국에 '충성파'와 '반대파'만이 존재한다는 잘못된 관념을 살펴보았다. 그러나 이 두 가지 범주에는 순수하게 동질적 또는 이질적으로 가정되어서는 안 될 다른 영역이 많이 존재한다.

중국을 하나의 동일한 공간이라고 생각하는 잘못된 관점은 수백 년 전부터 형성되었다. 마르코 폴로가 살던 시대에서 제2차 세계대전 시기에 이르기까지 서구인은 중국에 관한 다양한 책을 접했다. 또한 19세기 초반에 서구인은 중국을 자신에게 적대적이고 위협적인 사람들로 가득 찬 나라로 묘사한 영화나 뉴스영화를 접했다. 그러나 그보다 다소 앞선 세대의 유럽인과 미국인은 중국을 비교적 긍정적으로 평가하는 시각의 영향을 받기도 했다. 중국을 가난하지만 부지런한 사람들로 이루어진 나라로 묘사한 『대지』와 같은 훌륭한 영화도 그러한 시각의 결과물이었다.[1]

중국의 동질성에 대한 미국인의 생각은 냉전 시기(1949~1989)의 첫 번째 10년 동안 줄곧 존재했다. 제2차 세계대전 시기의 일본은 광적인 통치자의 요구를 맹목적으로 따르는 사람들로 구성된 군국주의 국가의 이미지였다. 그러나 일본이 미국과 동맹을 체결하고 사람들이 일본을 다양성을 지닌 평화로운 나라로 상상하기 시작하면서, 일본의 모든 오명은 간단하게 중국으로 넘어갔다. 한국전쟁과 문화대혁명에 대한 서구 언론의 보도로 인해, 서구인은 '중국'을 푸른 '마오복'●을 입고 중국공산당의 명령에 아무런 의문도 품지 않는 사람들로 이루어진 나라로 묘사하기 시작했다.『마오쩌둥과 파란 개미들의 제국』 같은 책의 제목에서 볼 수 있듯이, 중국인이 모두 똑같다는 환상은 부분적으로 중국을 전 세계인이 싫어하는 나라로 만들려는 미국 정부의 노력이 빚어낸 결과물이었다.

중국인에 대한 그러한 환상은 최근 몇십 년 사이에 중국의 다양성을 주장하는 뉴스 보도의 도전을 받았다. 물론 그러한 보도들도 때로는 중국인을 단지 두 개의 집단으로 구분하는, 유용하긴 하지만 타당하지 않은 초보적인 실수를 저지르곤 했다(중국의 지식인은 여러 범주 안에 속할 수 있음에도 늘 '충성파'와 '반대파'로만 구분되어왔다). 한편 나토의 폭탄이 베오그라드의 중국대사관을 타격했던 1999년에 중국 학생들이 난폭하게 거리를 점거했던 당시를 보더라도, '파란 개미들의 제국'이라는 관념은 여전히 서구인의 뇌리에 존재한다. 일부 서구 평론가는 그 사건을 새로운 '의화단주의'로 불렀고, 어떤 보수적인 미국 잡지는 중국의 시위자들을 독자적으로 생각할 능력이 없는 스타트렉Star Trek 세계의 보그족●●에 비유했다.[2]

●  쑨원이 고안한 중산복中山服에서 유래한 것으로, 마오쩌둥 시대에 중국 지도자들과 대중이 즐겨 입었다.
●●  《스타트렉》은 1966년에 시작된 미국에서 TV시리즈로, 2009년 《스타트렉 : 더 비기닝》이 상영되었으며 전 세계적으로 대단한 인기를 누리는 작품이다. '보그'는 작품에 등장하는 기계와 인간이 결합된 종족으로, 우주연합의 가장 큰 적대 세력 중 하나이다.

1999년 나토의 중국대사관 오폭 사건에 항의하는 베이징의 시위 행렬

　사실 시위자들에게는 다양한 시위 참가의 이유가 있었다. 그들은 허용된 수단뿐만 아니라 허용되지 않은 수단으로도 자신들의 분노를 표출했다(정부 대변인이 불매운동을 금지했음에도 어떤 이들은 미국 상품에 대한 불매운동을 계속 호소했다). 그리고 경우에 따라 정부에서 시위를 당의 목적에 맞게 이용하는 데 수긍하기도 했지만, 때로는 저항하기도 했다. 정권은 곧 통제 불능 상태에 빠진 학생들로 인해 불안감을 느꼈다. 정부는 학생들이 거리에서 교실로 돌아가도록 신속하게 유도함으로써, 나토에 대한 비난이 정권에 대한 비난으로 전환되지 못하게 했다.[3]

미국인이 종종 중국의 다양성을 간과하는 이유 중 하나는 미국에서 있었던 유사성과 다양성에 관한 논의에서 민족성과 인종 문제가 거대하게 불거졌기 때문이다. 앞에서 언급한 대로 중국은 90퍼센트의 인구가 한족으로 이루어진 나라다.

중국이 다른 거대 국가보다 이질성이 적다고 말하기 위해서는 특별한 고려가 필요하다. 중국은 인도처럼 종교적으로 복잡한 나라도 아니고, 인도네시아처럼 다양한 언어를 지닌 나라도 아니다. 그리고 중국인은 미국인과 달리 먼 곳에서 이주해 온 부모나 조부모 또는 그 윗세대 조상이 있지도 않다. 그러나 중국이 다른 나라보다 '이질성이 비교적 적다'고 말하는 것과 대다수 중국인이 기본적으로 유사하다고 주장하는 것 사이에는 큰 차이가 있다. 대부분의 중국인이 같은 민족이라 해서, 그들 사이의 유사성이 다른 나라의 경우보다 더 크리라 추측하는 것은 잘못이다.

설령 한족 인구가 전체 중국 인구의 90퍼센트를 차지한다는 미심쩍은 사실을 받아들인다 하더라도(민족의 경계를 명확하게 규정하는 일은 언제나 매우 까다롭다), 거대하고 복잡한 한족의 내부에는 난해한 방언과 각기 너무도 다른 관습을 지닌 다양한 집단이 존재한다.[4] 한 가지 사례를 들어보자. 중국 전역에서 살고 있는 '객가인'客家人(하카Hakka)은 흔히 한족에 속하는 집단으로 간주된다. 그러나 객가인을 한족으로 분류하기 어렵게 만드는 요소도 많이 있다. 객가인이 인접한 다른 민족과의 갈등이나 한족 내부에서 빚어진 갈등으로 인해 폭력사태를 야기한 사례는 매우 많다. 객가인은 자신들을 억압한 다른 민족의 틈바구니 속에서 강요된 전족이나 의복 풍습 등을 어떤 형태로든 받아들이지 않았다. 한편 태평천국운동(홍수전도 객가인이다)은 처음에는 다른 민족과의 갈등에서 시작해, 나중에는 한족 대 만주족의 구도로 변형된 사건이었다.[5]

벨기에인과 프랑스인이 서로에 대해 그런 것처럼, 중국인이 종종 자국의 다른 지역 사람을 색안경을 끼고 본다는 사실은 중국의 다양성 문제를 더욱 복잡하게 만든다. 베이징 사람과 상하이 사람은 서로를 무시한다. 또한 도시에 사는 일부 한족 사람은 시골에서 온 한족 이주민을 열등한 인간이나 동물처럼 취급한다. 중국의 도시인이 이주민에 대해 사용하는 용어는 미국 인종주의자가 유색인종을 가리키는 용어와 마찬가지로 경멸적이고 비인간적이다.[6] 물론 중국에서는 언제 태어났느냐가 어디서 태어났느냐보다 더 중요한 문제지만, 거주 지역과 출신은 오늘날 중국에 존재하는 다양성의 중요한 원천이다.

세대 차이는 전 세계적인 문제이다. 그러나 지난 몇십 년간 중국이 경험한 변화의 속도는 세대 차이의 간격을 더욱 심각하게 벌려놓았다.

생각해볼 만한 몇 가지 기본적인 사실이 있다. 2007년도 전체 중국인의 40퍼센트 이상이 30세 미만이며, 15세 이하 인구는 20퍼센트를 웃돈다. 이는 오늘날 중국의 절반 가까운 인구가 마오쩌둥 사망 이후에 태어났고, 대략 4분의 1의 인구가 베를린 장벽 붕괴 이후에 출생했음을 의미한다. 정치 분야에서 사회 분야로 방향을 전환해보면, 전체 인구의 5분의 1 이상은 공산혁명의 혜택을 입은 세대와 그 자녀 간에 세대 차이가 별로 없었던 시대를 겪지 못했다. 30세에서 65세 사이의 사람들은 보다 평등했던 시절에 대한 기억이 있다. 그러나 그들보다 좀 더 나이가 많은 사람들은 오늘날 '가진 자'와 '못 가진 자' 사이의 불균형을 지켜보면서, 현재처럼 경제적 격차가 심했던 자신들의 어린 시절을 떠올리게 될 것이다.●

문화적인 측면을 보자. 도시에 거주하는 중년층은 나이 서른이 될 때까지도 집 안에 전화기를 들여놓거나 자가용을 몰아

● 30세에서 65세 사이 연령대의 중국인은 중화인민공화국 성립 전후에서 개혁개방 전후에 이르는, 비교적 평등주의적인 시대에 출생했다. 그러나 65세 이상 연령대의 중국인은 빈부 격차가 극심했던 국민당 통치 시기를 경험했다.

본 적이 없었을 것이다. 내가 중국을 방문했던 초창기(1980년
대 중반에서 1990년대 중반)만 해도 전화기는 이웃과 공유했
고, 교통수단이라곤 자전거나 버스가 고작이었다. 그러나 그들
의 자녀는 항상 휴대전화를 들고 다니고, 거리낌 없이 택시를
잡아탄다.

이러한 세대 차이는 현대 생활의 속도(어떤 이는 이를 불안
해하지만, 어떤 이는 편안해한다)에 대한 태도에서 중국의 국
제적 위상을 바라보는 관점까지 매우 다양한 측면에 영향을 미
친다.

'사회적 조화'처럼 시대를 초월해 보편적 지지를 얻을 듯한
유가적 가치를 예로 들어보자. 중국에서 가장 연로한 사람들은
공산당 정권이 아닌 다른 정권이 통치했던 시기를 기억해낼 수
있을 것이다. 그 시기 사람들은 공자를 공경했고 그의 도덕적
가르침을 따라야 한다고 믿었다. 이와 대조적으로 1940년대 중
후반에서 1960년대 초반에 태어난 중국인은 오늘날 공자와 그
의 사상에 대한 찬사가 이상하게 보일 것이다. 그들은 모두 공
자의 유산을 비판하는 대중운동을 겪었기 때문이다. 그러나 최
근에 태어난 중국인에게 이러한 과거는 몹시 낯설 것이다(교과
서에서 그러한 과거는 아예 무시되거나 개략적으로만 다루어
진다. 또 그들의 부모 중 일부는 자녀에게 그와 같은 과거에 대

해 말하기를 꺼릴 것이다). 그들에게는 공자 사상과 연관된 후 진타오의 사상보다 더 주목할 만한 것이란 없을 것이다.

중국의 다양성의 원인 중에서도 종교는 쉽게 과소평가되었다. 중국은 공식적으로는 여전히 무신론 국가이다. 그러나 기독교나 전통 신앙을 혼합한 많은 종교가 중국에서 빠르게 성장하고 있다. 중국에서 넓은 의미의 기독교 신자는 최소 1천만 명에 이르며, 중국의 불교는 지방의 민속신앙과 뒤섞여 있다. 이러한 현상은 중국의 다양성에 대한 설명을 보충해줄 수 있다.

중국에서 무슬림은 북서부의 광대한 영역을 차지하는 신장新疆은 물론이고, 그 유명한 병마용의 고장인 시안西安을 비롯한 다른 지역에도 존재한다. 또한 중국 기독교인 사이에도 다양성이 존재한다. 중국의 기독교는 당의 지원을 받는 형태와 그렇지 않는 형태로 구분할 수 있기 때문이다. 예를 들어 중국에는 (로마가 아닌) 공산당에 의해 합법화된 가톨릭 신도가 오랫동안 존재했다. 공산당 책임 아래에 있는 가톨릭 성직자는 교황의 권위를 인정하지 않는다. 그러나 최근에는 본래대로 교황권을 인정하는 가톨릭도 중국에 생겨났다.

한편 티베트자치구나 인접한 칭하이靑海, 쓰촨四川 등지에는 티베트불교를 믿는 사람들이 있다. 또한 중국에는 오래된 것

(도교)이든 새로운 것(기공이나 그와 유사한 것들)이든, 다양
한 종교를 가진 신자가 존재했고 또 새로이 생겨나고 있다.

베이징 천주교 성당에서 기도하는 사람들

중국에 관한 미국의 오해는 중국의 과거뿐 아니라, 공산당 통치 아래의 모든 나라가 '독재'국가라고 보는 경향에서도 발생한다. 과거 소련은 조지 오웰이 『1984』에서 묘사한 것과 같은 공간으로 인식되었다. 또한 소련 붕괴 후 중국은 소련과 유사한 국가로 분류되곤 했다. 몇몇 평론가는 북한이야말로 거기에 가장 잘 들어맞는 나라라고 주장했지만, '오웰주의'라는 단어는 중국에도 적용되고 있다.

그러한 주장이 어떤 면에서는 적합할지 몰라도, 중국에 대한 이런 냉전적 관점은 오히려 진실을 흐릴 수 있다. 적절한 해답을 찾으려면 1949년 6월에 출간된 오웰의 반유토피아적 소설과 이보다 약 20년 전에 출간된 다른 작품을 비교해보는 것도 도움이 될 것이다. 그 다른 작품이란 이턴칼리지에서 오웰을 지도한 올더스 헉슬리Aldous Huxley의 1932년 작품 『멋진 신세계』이다.[7] 『1984』와 『멋진 신세계』는 종종 필독서 목록에 나란히 등장하며, 공통적으로 개인의 자유를 철저히 통제하는 미래 세계를 묘사한다. 그러나 두 작품은 권위주의에 대해 서로 다른 관점을 보여준다. 오웰이 인간을 통제하기 위해 조장되는 공포를 강조한다면, 헉슬리는 어떻게 욕구나 필요가 생산되고 조작되며 충족되는지에 초점을 맞춘다.

두 작품을 대조적으로 이해하기 위해서는 역사의 시계를 1949년 10월로 되돌려야 한다. 그달은 중화인민공화국이 성립된 달이다. 이 역사적인 달에 헉슬리는 과거 자신의 학생이었던 오웰에게 쓴 편지에서 『1984』를 '매우 중요한' 책이라고 평가했다. 그러나 그는 그 책에서 표현된 '황당한' 권위주의 정권은 곧 과거의 유물이 될 것이고, 소수자 지배체제가 자신의 권력욕을 충족시키기 위해 '힘이 덜 드는' 방법을 발견하게 되리라고 보았다. 그는 이미 『멋진 신세계』에서 묘사한 것처럼, 통치자들이 정치적 주의력을 분산시키는 각종 활동과 오락을 제공함으로써 사람들을 정치로부터 멀어지게 하고, 보다 부드러운 수단을 통해 권력을 유지할 것이라고 주장했다.[8]

다시 여기서 인터넷 관련 사안이 중국과 연관된 곤란한 문제의 해결에 유용한 방법을 제공한다. 오웰이나 헉슬리는 우리가 중국의 정치적, 문화적 변화를 이해하는 데 좀 더 나은 방법을 제시해줄 수 있다.

자국 인터넷을 통제하려는 중국정부의 노력을 사람들은 종종 '오웰주의'라 불렀다. 그러한 명명은 2009년 6월에 특별한 반향을 불러일으켰다. 베이징 정부는 정확히 『1984』의 출간 60주년이 되던 시점에 중국 네티즌이 웹사이트를 자유로이 방문하는 것을 제한하기 위해 새로운 조치를 취했고, 이는 서구인의 관심을 끌었다.[9] 한편 제러미 골드콘Jeremy Goldkorn은 중국 문화와 미디어에 관한 중요 웹사이트를 운영하면서, '인터넷 보모'와 같은 통제 시스템에 대한 글을 발표해왔다. 그는 이렇게 말한다. "본래부터 오락을 위해 인터넷을 사용하기 시작한 대다수의 중국인은 친구와 채팅이나 게임할 때, 음악을 듣거나 영상물을 볼 때 검열시스템에 그다지 주의를 기울이지 않는다. 그들의 디스토피아는 『1984』보다는 오히려 『멋진 신세계』에 가깝다."[10]

중국의 권위주의를 보는 관점에서, 오웰이 말한 '강력한 권위'와 헉슬리가 말한 '부드러운 권위'는 모두 일시적 성격을 지닌다는 점에 유념해야 한다. 중국의 정치체제는 과거부터 현재까지 줄곧 유동적이었고, 국가의 전략에 따라 변화를 거듭했다. 중국의 저자들이 '조임'과 '풂'이라고 말했듯이, 변화의 패턴은 번갈아서 나타났다. 특히 마오쩌둥의 통치 시기에 그러한 패턴은 강력한 대중 동원의 시기와 비교적 고요한 시기의 교차로 드러났다. 그러나 대중운동은 오늘날 더 이상 일반적이지 않게되었고, '조임'과 '풂'의 상호 작용도 좀 더 미묘해졌다. 예를 들어 용감하고 독립적인 저널리스트나 비판적인 NGO가 비교적 자유롭게 활동하던 시기도 있었지만, 2008년 말에서 2009년에 이르는 '조임' 시기에는 몇몇 눈에 띄는 독립적인 지식인이 감옥에 갇혔다.

중국에서는 1989년에서 1992년 사이에 '오웰주의 시기'가 있었다. 이는 중국공산당이 천안문 시위자들을 살상한 후 대학살과 '비밀폭력단'(중국공산당의 표현을 따르면 '문젯거리들')으로 의심되는 많은 사람의 구금 사실을 '2+2=5'● 식으로 부인한 시기였다. 1990년대 중반에 접어들자 중국은 대중의 탈정치화를 꾀하기 위해 소비자 혁명을 조장함으로써(비록 1989년 당시 대학살이 벌어졌다는 사실은 여전히 부정하고 있지만) 좀더 헉슬리주의적인 노선으로 변화했다. 『멋진 신세계』식으로 말하면 중국정부는 대중을 '환각 상태'에 빠뜨리기 위해 강력한 최면제를 만들기 위해 고심했다.

시간이 흐르면서 권위주의의 '강약' 교차 현상은 더 분명해졌다 하더라도 지정학적인 변수 또한 고려되어야 한다. 중국정부가 신장이나 티베트처럼 매우 광활하고 때때로 반항적인 소수민족 자치구를 통제하는 방법은 다른 지역을 통제하는 방식과 무관하게 『1984』에 훨씬 가깝다. 반대로 상하이와 같은 동부해안의 현대적 도시는 대형 비디오 스크린과 호화 백화점으로 상징되는 오락문화에 물들어 있기 때문에 헉슬리가 더 나은 지

---

● '2+2=5'는 오웰의 『1984』에 나오는 용어로, 불의한 독재자(오웰은 이러한 독재자를 가리켜 '빅브라더'Big Brother라고 표현했다)가 권력을 이용해 진실을 날조하는 것을 가리킨다.

침을 제공한다. 한편 과거 영국의 식민지였다가 1997년에 중국으로 반환된 홍콩이나 마카오는 『1984』에서와 같은 통제에 완전히 종속된 적이 없다.

## 중국이 미국을 오해하는
## 가장 큰 원인은 무엇인가?

중국인이 미국을 오해하는 까닭은 양국 간 미디어 시스템의 큰 차이를 간과했기 때문이다.

수많은 오해의 근원에는 완고한 편견에 사로잡혀 중국에 대한 공정한 태도를 쉽사리 포기해버리는 전체 미국 미디어 시스템의 아집이 자리한다. 그러한 아집에는 미디어 저마다의 상이한 입장이 내포되어 있다. 『뉴욕타임스』와 CNN, 폭스뉴스Fox News는 서로 다른 입장을 지닌다. 중국에 대한 편견은 미국인은 물론이요, 심지어 미국에서 유학중인 일부 중국인마저 갖고 있다. 그와 같은 편견은 세 가지 원인에서 비롯된다. 그 원인이 무엇이고 그것이 어떻게 서로 결합해 깊은 오해를 야기하는지 이해한다면, 미국인을 포함한 모든 외국인이 중국에 대해 알아야 하는 중요한 사실을 인식할 수 있다.

첫 번째 원인은 미국 언론이 영국을 비롯한 다른 나라 언론과 마찬가지로(그러나 중국 언론과는 달리) 부정적인 소식에 귀를 더 잘 기울인다는 점이다. 일반적으로 서방에서는 비극적이거나 곤혹스런 이야기를 다룬 매체가 즐거운 이야기나 단순한 쾌락만을 제공하는 매체보다 더 많은 인기를 끈다. 그러나 중국의 매체는 오랫동안 낙관적인 보도(즉 삶의 질 향상, 기아로부터의 해방, 더 빨라진 열차 등)에 절대적으로 많은 관심을 기울였다. 물론 최근 들어 비극적인 재난 기사를 다룬 타블로이드판 신문이나 블로그가 전보다 많은 인기를 끌게 되었지만, 여전히 중국 언론에서 대부분의 지면을 차지하는 것은 국내 이슈를 다룬 낙관적인 소식이다. 따라서 서구 언론에서 중국을 다른 나라와 동등하게 대하더라도, 낙관적인 국내 기사만을 접했던 다수의 중국인은 자기네 나라가 서구 언론에 지나치게 엄격하게 다루어지거나 있는 그대로 다루어지지 않는다고 여길 것이다.

두 번째 원인은 한 가지 주제에 대해 서로 다른 관점을 제시하는 일이 오늘날 중국 언론에서 일반적이지 않다는 점이다. 많은 중국인은 베이징이나 상하이의 주요 신문에 실린 논평이 언론사의 의견을 반영한다고 믿는다(이러한 믿음은 보통 타당하다). 그러나 이와 달리 『뉴욕타임스』는 자체적인 사설에 덧붙여, 해당 주제와 연관된 서로 다른 입장의 두 개의 글을 함께 싣기도 한다. 만약 그 세 개의 글 가운데 중국을 비난하는 글이 번역되어 웹상에 떠돈다면, 많은 중국인 독자는 그것이 『뉴욕타임스』의 관점을 대변한다고 단순하게 추측해버릴 것이다.

세 번째 원인은 중국 측과 미국 측의 생각이 너무도 크게 엇

갈려, 미국 미디어가 어떤 식으로 중국 관련 이야기를 다루든 양자 간의 편견의 골이 넓고 깊어질 수밖에 없다는 점이다. 2008년 3월 티베트의 사례가 이를 잘 설명한다. 이 경우는 극단적으로 다른 관점에서 시작된 이야기가 어떻게 상대방이 아니라 과거사에 대해 말하게 하는지를 보여준다.

## 티베트를 보는 중국과 미국의
## 관점은 어떻게 다른가?

티베트인에 대한 상당수 미국인의 생각은 그들이 평화를 사랑하지만 억압받고 있다는 관점으로부터 출발한다. 미국인은 티베트인이 오랫동안 자치권을 지녔고, 그들에게는 오늘날 달라이 라마라는 망명 지도자가 있다고 생각한다. 또한 미국에서 달라이 라마는 비폭력운동에 매진한 공로로 노벨평화상을 수상한 진보 인사로 간주된다.

많은 미국인은 중국이 달라이 라마를 탄압하는 이유가 티베트인이 독립국가 건설을 요구하기 때문이 아니라, 더 많은 문화와 종교의 자유를 요구하기 때문이라고 본다. 티베트인의 투쟁을 특정 '외세'로부터 민족의 종교적 자유를 지키려는 운동으로 보는 시각은 서구 여러 나라에 영향을 미치고 있다. 그러나 그런 시각은 티베트의 독특한 역사와 민족주의자의 환상 덕에 다른 나라보다 미국에서 특히 힘을 발휘한다. 미국인은 티베트인의 투쟁을, 자신들의 애국적 환상 속에 크게 새겨져 있는 과거 뉴잉글랜드 식민주의자의 영국과의 투쟁과 유사한 것으로 여긴다.

이와 달리 티베트인을 제외한 많은 중국인의 시각은 출발부터 미국인과 완전히 다르다. 중국인은 티베트가 오랫동안 중국의 일부분이었다고 생각한다. 또한 그들은 달라이 라마를 군주나 교황 또는 전임 달라이 라마의 환생으로 여기는 티베트인의 광신적 종교 전통을 보수적이고 봉건적이라고 본다. 중국인은 티베트인이 라싸를 비롯한 도시의 현대화와 티베트 여성의 지위 향상(양성 평등 원칙에 입각한 법률을 통해), 미신 타파와 과학의 발전을 가져다준 베이징 정부에 고마워해야 한다고 여긴다. 더욱이 중국인은 티베트인이 국가로부터 받는 여러 가지 특별대우에 대해서도 감사해야 한다고 말한다(한족을 제외한 55개 소수민족 가정은 한 명 이상의 자녀를 가질 수 있다).

앞에서 말한 두 가지 관점의 틈새가 너무도 큰 탓에, 중국인과 미국인은 티베트를 포함한 여러 문제에서 다른 한쪽의 설명을 완전히 잘못된 것으로 단정하기 쉽다. 그러한 태도는 미국사와 연관된 두 가지 비유를 통해 설명할 수 있다. 많은 미국인이 티베트인 시위대를 1776년 독립전쟁 당시 활약한 미국의 영웅적 식민주의자와 유사하게 본다. 반면 티베트인이 아닌 중국인은 티베트인 시위대에 대한 자신들의 태도가 오늘날 현대화된 하와이를 그 섬의 마지막 통치자의 후손에게 돌려주도록 요구하는 난폭한 시위대를 대하는 일반 미국인의 태도와 더 비슷하다고 생각한다.[11] 이런 맥락에서 티베트인과 티베트에 살고 있는 다른 민족 간의 갈등이나 상호 대립하는 인접 지역 간의 갈등을 설명하기 위해 선택된 단어들은 논쟁을 부를 수밖에 없다. 예컨대 많은 서구인이 보통 '시위'라고 부르는 것을 티베트인 이외의 중국인은 '폭동'이라 부른다. 또한 서구인은 티베트 망명 지도자를 '정신적 리더', '노벨상 수상자'로 부르지만, 중국인은 그를 '승려복을 두른 늑대', '분리주의자'로 부르며 경멸한다.

더욱 곤혹스러운 것은 티베트 문제를 주의 깊고 완곡하게 다룬 기사라 하더라도 편견을 지닌 일부 중국인에게는 달리 해석될 수밖에 없다는 점이다. 예를 들어 몇몇 신중한 미국의 저널리스트는 티베트인 청년들이 같은 지역에 사는 한족과 회족(이슬람교를 신봉하는) 주민을 공격한 2008년 3월의 폭력사태를 '폭동'으로 표현하기도 했다. 그러나 그들의 기사마저도 티베트인이 아닌 중국인 독자에게는 '불공평한' 기사로 간주되었다. 왜냐하면 여전히 그들이 (중국의 관방 매체와는 달리) 달라이 라마의 폭력에 대해서는 입을 다물었기 때문이다. 그 와중에 좀 더 신중하지 못한 보도들은 중국에 대해 매우 불공정한 태도를 보였다. CNN이 폭력 진압 중인 네팔의 경찰을 보여주면서 한 중국인 경찰이 티베트인을 때리는 중이라고 잘못 보도했을 때, 중국의 블로거들은 애틀랜타에 있는 네트워크를 겨냥

2008년 티베트의 폭력 사태에 대해 항의하는 시위대

해 항의 글을 수도 없이 올렸고, '안티 CNN' 웹사이트를 개설
하기도 했다.

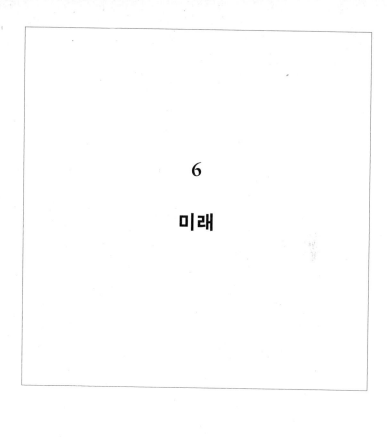

6

미래

중국의 군사적 위협에 대한 오랜 두려움은 2009년 중화인민 공화국 건국 기념일 퍼레이드에 전시된 각종 무기에 의해 재차 각성되었다. 그리고 그 두려움은 잊혀가는 역사적 사실을 상기시켰다.

일례로 의화단은 중국 북부의 국경 밖으로 모험을 시도하지 않았고, 그런 일에 흥미조차 보이지 않았다. 그러나 카이저 빌헬름Kaiser Wilhelm●은 끊임없이 그들을 '황인종 우월론'의 선봉대로 간주했다. 비록 마크 트웨인은 외세의 침략으로부터 자신의 마을을 지키려 한 의화단이 미국인의 찬사를 받아 마땅하다고 주장했지만(그는 의화단원을 '비난당하는 애국자'라고 불렀고, 중국에서 태어났다면 자신도 의화단원이 되었을 것이라고 말했다), 그의 동료들은 그 독일 지도자의 묵시록적 관점을 곧이곧대로 받아들였다. 한 미국 잡지는 칭기즈 칸의 몽골 군대가 13세기 유럽을 휩쓸었듯이, 의화단이 서양과 기독교 문명을 위협하는 아시아 전체를 대표한다고 말했다.

서구를 위협한 '황인종 우월론'은 나중에 베이징에서 시작된 '붉은 위협'으로 대체되었다. 이런 생각은 중국이 최초로 핵무

● 제1차 세계대전 당시 독일의 황제였던 빌헬름 2세(1888~1918 재위)를 말한다.

기를 생산한 1960년대 초가 되자 더욱 분명해졌다. 중국의 핵무기 생산 발표는 중국에서 반제국주의 구호가 고조되던 시기에 이루어졌다. 중국의 군사 발전은 미국과 소련 두 나라에 충격으로 다가왔다. 이 시기에 마오쩌둥은 두 나라를 열렬히 비난했다. 미국은 자본주의 국가인 데다 타이완을 지지했고, 소련은 마르크스주의를 등지고 수정주의 노선으로 기울었기 때문이었다.

1960년대 미국 국방성은 《붉은 중국의 전쟁 계획》Red Chinese Battle Plan이라는 영화를 제작했다. 이 영화는 중국을 세계 정복에 집착하는 나라로 묘사했다. 1940년대만 해도 선전영화 속 중국은 일본의 세계 제패 기획의 순진한 희생양으로 그려지곤 했다. 그러나 중화인민공화국은 아프리카와 라틴아메리카를 제패하고 미국의 지위를 넘보리라 여겨지기 시작했다. 중국에서 핵무기 보유는 의심할 나위 없이 중요한 일이었다. 그러나 오늘날 우리는 중국이 여러 가지 국내 문제에 둘러싸여 있으며, 러시아나 인도 등 인접 국가와 영토 분쟁 중이라는 사실을 알고 있다. 따라서 중국이 자국으로부터 멀리 떨어진 다른 나라를 군사적으로 위협하리라고 보기는 어렵다. 중국은 미국이나 소련에는 없는 이념적 매력을 선전하면서, 선진국 중에서 비교적 중립적인 태도를 지닌 국가를 동맹국으로 삼고자 한다. 그러나 북미대륙까지 뻗어 있는 중국위협론은 단지 과거에 있었던 '황인종 우월론'의 과장된 상상의 산물일 따름이다. '붉은 위협'은 '황인종 우월론'과 마찬가지로 사실에 근거하지 않는다. 예를 들어 '황인종 우월론'은 피에 굶주린 의화단이 칼을 휘두르며 세계를 둘러싼 장면을 그린 1900년대 정치 만화에 잘 나타나 있었다. 또한 그로부터 10여 년 뒤, 색스 로머Sax Rhomer의 소설에는 교활하고 잔혹한 악당이자 서양혐오자인 후 만추Fu Manchu●●가 등장했다.

미국과 공산권 국가 사이의 대리전은 1950년대와 1970년대 사이에 벌어졌다. 저마다 자신이 중국 전체의 실질적인 통치자라고 주장한 베이징의 공산당과 타이베이의 국민당 사이의 작은 충돌이 중화인민공화국과 미국 사이의 전쟁으로 확대될 뻔한 적도 있었다. 그러나 당시 중국은 세계를 제패하려는 위험한 야망을 갖지 않았고 이는 현재에도 마찬가지다.

중국은 군대의 현대화를 위해 갈수록 많은 돈을 지출하고 있고, 이는 인접 국가나 중국과 영토분쟁 중인 나라들의 우려를 사고 있다. 그러나 인민해방군의 강화가 군사력을 해외로 뻗치려는 의도 때문만은 아니다. 중국정부는 자국이 다른 나라의 침략으로부터 안전하다는 점에 대해 아직 확신하지 못한다. 나토가 세르비아를 폭격한 일이나 연합군이 이라크와 아프가니

●● 20세기 전반기에 후 만추는 색스 로머의 여러 소설에 자주 출현했으며, 그 후에도 TV드라마나 영화, 만화책 등 다양한 장르에서 교활한 천재 악당의 전형으로 등장했다.

스탄을 침공한 일은 중국정부로 하여금 강력한 군사력이 필요하다는 생각을 지속하게 만든다. 그리고 최소한 중국정부는 강력한 군사력이 국내 문제를 통제하는 데 중요하다고 믿는다. 6·4 천안문 대학살은 공안이 아니라 인민해방군이 저지른 일이었고, 티베트와 신장의 불안정한 사태를 해결하기 위해 중국정부에서 의존한 것 역시 군대였다. 중화인민공화국 건국 기념일에 보여준 군사 장비는 외국의 관찰자에게 충격을 주었을 뿐아니라 중국 인민에게도 자국이 정교한 신무기를 보유하고 있다는 사실을 각인시켰을 것이다.

→ → → → → → 미래

여러 가지 이유 때문에 중국이 무력으로 오랜 숙원인 '통일'을 달성하려 들지는 않을 듯하다. 중국공산당과 타이완의 국민당 모두 '통일'을 원하지만, 타이완에서 다른 정당과 정권 경쟁을 해야 하는 국민당에게 통일은 유일한 목표가 될 수 없다.● 중국공산당은 '하나의 중국'(대륙과 타이완의 정치적 분리는 영구적이 아닌 일시적이고 비정상적인 상황이라는 생각)이라는 입장을 고수하고 있다. 그러나 통일이라는 목표를 아득한 꿈이 아닌 곧 찾아올 현실로 바꾸기 위해 어떻게 할 것인가를 판단하기란 그들에게 쉽지 않은 일이다. 양안 간의 전쟁 가능성은 섣불리 예측하기 어렵다. 만약 중국공산당이 붕괴 위험에 직면한다면, 그들은 극단적인 국가주의자의 감성에 호소해 대중의 지지를 얻어내기 위해 타이완을 공격하는 극적이고 미련한 방법을 취할 수도 있을 것이다. 그러나 그러한 사태가 벌어질 가능성을 최소화시켜주는 두 가지 이유가 있다.

첫째, 자본과 인력이 정기적으로 대륙과 타이완 사이를 오가며 두 나라에 이익을 가져다주고 있다. 어림잡아 50만 명에 이

---

● 1980년대 후반 계엄이 해제된 이래로, 타이완에서는 국민당과 민진당이 번갈아가며 집권해왔다. 2000년에는 중화민국 최초로 정권 교체를 이루어, 민진당 출신 천수이볜이 총통에 당선되었고, 그의 뒤를 이어 2008년부터 현재까지 국민당 출신 마잉주馬英九가 총통으로 있다. 국민당은 중국의 통일을 주장하지만, 민진당은 타이완의 독립을 주장한다.

르는 상하이 거주 타이완인을 비롯해, 많은 사람이 대륙에 사무실을 열고 사업을 하고 있다. 또한 타이베이와 중국의 여러 도시 사이에 항공 직항로가 개통되어 주말마다 많은 여행객이 고국의 가족을 방문하기 위해 바다를 건넌다.

둘째, 최근 베이징과 홍콩의 관계는 타이완 문제 해결을 위한 방법을 제시해준다. 홍콩은 '일국양제'—國兩制●● 정책을 통해 1997년부터 향후 50년 동안 상당한 자치권을 중국정부로부터 인정받았다. 홍콩은 중국에 반환된 후에도 일국양제 정책으로 영국 식민지 시기의 법률을 2047년까지 허용받는다.

그러나 그런 정책이 실제로 무슨 의미가 있는지 수많은 회의론이 불거졌다. 1997년 이래로 홍콩의 정치, 경제, 문화, 언론 등에 대한 베이징 정부의 통제 시도를 비판하는 목소리도 계속 있다. 홍콩은 외부의 압력과 자체 검열로 인해 기대했던 자유를 누리지 못하게 되었다. 그러나 이러한 우려에도 불구하고 홍콩이 일정 정도 자치권을 유지했다는 점은 눈에 띈다(홍콩이 지금까지 베이징 정부로부터 어느 정도 독립을 유지할 수 있었던 것은 부분적으로 활동가와 지역 주민의 용기 있는 저항 덕분이다). 홍콩 서점에서는 대륙에서 출간 금지한 많은 출판물(달라이 라마의 저작이나 앞서 언급한 장룽과 할리데이의 마오쩌둥 전기, 천안문사건 기간에 발표된 선언문의 모음집, 가택연

●● 하나의 국가에서 두 가지 제도를 공존시키는 정책.

홍콩 주권 반환식

금 중인 자오쯔양이 비밀리에 집필한 자서전 등)을 취급할 수 있다. 비록 완전히 자유롭지는 않지만, 파룬궁 신자가 홍콩에서 자신의 주장을 선전할 수도 있다. 또한 중국은 상업의 발전을 위해 홍콩이 부분적으로 도시국가의 기능을 수행할 수 있도록 허용하고 있다.

이미 경제적, 문화적으로 대륙에 종속된 타이완 역시 일국양제를 통해 자기 정체성을 포기하지 않으면서도 공식적으로 중화인민공화국의 영역 안에 속할 수 있다. 물론 타이완 국민 전체가 꼭 그런 제도를 바랄 필요는 없으며, 홍콩 내부나 외국인 사이에서 일국양제에 관망적인 태도를 취하는 사람들도 있다. 그러나 '일국삼제'—國三制가 비록 설득력 없는 시나리오라 하더라도, 그러한 고려가 양안의 전쟁 가능성은 최소화시켜줄 수 있을 것이다.

미국이 당분간 세계 제1의 경제대국의 지위를 유지하리라는 전망에는 몇 가지 그럴듯한 근거가 있다. 그러나 중국이 세계 경제를 지배하게 될 것인가 하는 질문 자체는 중국의 국제 위상이 크게 달라졌음을 보여준다. 50년 전, 아니 20년 전까지만 해도 국제사회에서 중국 경제의 위상은 사람들의 관심사가 아니었다.

1950년대 말 마오쩌둥은 이상주의적인 '대약진'을 통해 중국이 철강 생산 등의 분야에서 서구를 금방 추월할 것이라 장담했다. 물론 그의 말을 진지하게 받아들인 서구인은 극소수였다.

1960년대에 대약진운동이 실패로 끝나자, 중국은 더 이상 진지하게 다룰 필요 없는 우스운 나라가 되어버렸다. 그러나 반세기 가량이 지난 지금, 중국은 세계에서 가장 경제력을 갖춘 나라 중 하나가 되었다. 대기근으로 고통 받던 중국이 향후 50년 안에 경제대국이 되리라는 전망을 대다수 외국인은 수긍할 수 없었다. 그나마 가장 낙관적인 평가조차도 중국의 사정이 향후 조금 나아질 수 있으리라 전망하는 데 그쳤다. 당시 사람들은 가뭄을 겪는 나라에 식량을 수출하던 중국이 자국민에게 공급할 식량은 충분한지 의심하곤 했다.

그러나 숱한 곤경을 무릅쓰고 중국 경제는 오늘날 세계 3위의 규모를 기록했다. 미국과 일본만이 국내총생산에서 중국을 앞선다.● 2000년대 전후로 장기간 이어진 두 자릿수의 높은 경제성장률로 중국은 가난한 나라에서 부유하지는 않지만 어려움에 처한 다른 나라를 도울 경제력 있는 나라로 변모했다. 향후 50년이 채 지나기도 전에 중국이 경제력을 판단하는 일부 지표에서 미국을 추월하고, 어떤 면에서는 미국을 능가하게 되리라는 사실을 어렵잖게 예상할 수 있다. 그럼에도 국민총생산으로 측정되는 경제력 면에서 중국이 가까운 미래에 미국을 앞지를 가능성은 여전히 낮고, 1인당 국민소득 면에서 미국을 능가할 가능성은 더더욱 희박하다. 20~30년 전에 비하면 많이 나아졌지만, 1인당 소득 면에서 중국은 여전히 가난한 나라에 속한다.

● 2010년부터 중국은 세계 GDP 순위에서 일본을 제치고 2위를 차지하고 있다.

## 오랫동안 농촌국가로 여겨진 중국이
## 곧 도시국가가 될까?

중국이 세계경제를 지배할 수 있을지는 중국에서 신속한 도시화가 가능할지의 문제와 부분적으로 맞닿아 있다. 1960년대 중국은 영원히 농촌 국가로 머무를 것처럼 보였다. 왜냐하면 중국공산당이 사람들의 도시 이주를 막기 위해, 공고하고 복잡한 사회복지 시스템과 사회통제 시스템을 발전시켰기 때문이다. 1800년대 말에서 1940년대 사이에 그와 같은 현상은 일반적이었다. 상하이는 이 시기를 거쳐 수백만 인구가 거주하는 도시가 되었다. 그런데 이 같은 이농 현상이 최근 다시 일어나고 있다. 지난 20년간 1억 2천만 명 이상의 중국 농민이 도시로 몰려들었다. 이는 미국의 산업화 시기에 대서양을 건너 아메리카 대륙으로 이주한 인구보다 많은 수이다. 레슬리 T. 창Leslie T. Chang은 최근 중국의 이농 현상을 가리켜 인류 역사에서 유례없는 농민의 자발적 대이동이라고 말한 바 있다.[1]

마오쩌둥의 통치 시기에 농민의 도시 이주를 금지한 가장 중요한 제도는 '호구' 제도 또는 '세대 등록' 제도였다. 그 제도들은 태어난 곳에서 계속 거주하는 사람에게 국가의 혜택을 주었다. 결혼 후 호구가 바뀔 약혼 여성을 제외하면, 극히 일부 사람만이 도시로의 이주가 가능했다(중국공산당은 여러 면에서 양성평등을 실현하고자 노력했지만, 결혼 후 신부가 남편의 호구에 편입되는 관습은 계속 유지했다). 농민으로 태어난 사람은 호구 제도에 묶여 평생 농촌에서 살아야 했고, 그들의 자녀역시 농촌에 머물 수밖에 없었다.

덩샤오핑과 한때 그의 후계자였던 자오쯔양의 개혁 정책으로, 호구 제도는 1990년까지 크게 완화되었다. 비록 전면적으로 폐지되지는 않았지만 농민은 좀 더 쉽게 도시에 들어가 한시적으로 일거리를 구할 수 있었고, 일부는 오랫동안 도시에 머물 수도 있었다.

여전히 호구 제도가 일부 남아 있음에도 불구하고, 이농 현상의 증대로 인해 중국은 머지않아 도시국가가 될 것으로 보인다. 1990년 인구조사에 의하면, 중국의 12개 도시에서 이미 인구 1백만 명을 넘어섰다.● 중국 최초의 '경제특구'에 위치한 남부 대도시 선전深圳도 불과 10년 전에는 분산된 작은 촌락과 소도시로 이루어진 지역에 불과했다. 그러나 이제 그 도시에는 느슨한 규제의 혜택 속에서 중국과 외국 투자자 간의 합작 벤처기업이 속속 들어서고 있다.

2030년까지(어쩌면 2020년 내에) 중국 인구의 과반수가 도시에 거주하게 되리라는 점은 확실해 보인다. 그렇게 되면 중

● 2009년 6월 중국사회과학원이 발표한 자료에 따르면, 2008년 말 중국에서 인구 1백만 이상의 도시는 총 118개였고, 도시 인구는 이미 6억을 넘어섰다.

국에는 인구 1백만 이상의 도시 1백여 개가 생기게 될 것이다. 이미 중국은 지구상 그 어떤 나라보다도 많은 도시인구를 보유한 나라다.

6·4 천안문사건 직후 서구인은 천안문사건이나 폴란드의 연대 투쟁●의 결과로 중국이 민주화를 달성하게 될지 궁금해했다. 최근 중국의 국가통치체제에 커다란 변화를 기대하는 사람들은 중국에 민주화를 가져다줄 다른 동력이 있다고 믿는다. 어떤 이는 인터넷이 중국에 민주화를 가져다주리라고 생각한다. 2000년대 전후에 조지 윌George Will이나 빌 클린턴과 같은 보수적 경향의 전문가는 새로운 미디어가 중국을 지배하면 새로운 정치 형태가 필연적으로 뒤따를 것이라고 보았다. 또 어떤 이는 중국 중산층 계급의 성장에 희망을 건다(전문직 종사자와 사업가의 투쟁으로 독재를 끝내고 민주화를 일궈낸 한국과 타이완의 경우를 예로 들면서).

중국에서 인터넷 보편화나 중산층 계급의 성장은 이미 실현되었다. 그러나 이제껏 그런 변화를 중국의 민주화와 연결시키려 한 어떤 주장도 자신의 타당성을 증명하지 못했다. 일단 중국공산당이 앞에서 든 다른 나라의 선례를 피하기 위해 의욕적으로 노력하고 있기 때문이다. 이런 이유로 중국공산당의 붕괴

● 1980년에 반정부적 노동자 파업으로 결성된 자유노조는 1989년까지의 민주화운동을 통해 동구 사회주의 국가 중 최초로 폴란드에 비공산당이 주도하는 연립정권을 수립한다. 그리고 이듬해 조선소 전기공 출신이자 자유노조의 리더였던 바웬사가 초대 직선 대통령에 당선된다. 바웬사는 폴란드 민주화운동의 공을 인정받아 1983년 노벨평화상을 수상했다.

는 예상과는 달리 실현되지 않을 가능성이 더 커 보인다.

중국의 민족주의와 관련된 최근 서구의 오해 가운데 하나는 그것이 단지 정권 지탱의 수단일 뿐이라는 생각이다. 서구인은 중국인의 애국적 열정이 중국 당국으로 하여금 현 상황을 버틸 수 있게 해준다고 믿는다. 또 중국 국민의 민족주의가 마치 스위치를 올리고 내리는 것처럼 통치자에 의해 고양되거나 수그러든다고 여긴다.

실제로 중국의 요즘 세대는 아편전쟁이나 1930~1940년대 일본제국주의의 침략과 같은 굴욕적인 역사 경험을 강조하는 정부의 애국주의 선전 속에서 성장했다. 중국은 신장이나 티베트의 소요 사태를 보는 서구인의 관점을 활용해 근거 없이 자신들에게 편견을 갖는 서구인을 경계하도록 자국민을 부추기며, 중국인은 그러한 당의 선전에 종종 호응한다. 그 예로 2008년 프랑스 대통령 사르코지가 달라이 라마를 만났을 때, 많은 중국인이 프랑스 제품 불매운동을 벌인 바 있다. 또한 중국인은 일본 정치인이 야스쿠니 신사를 참배할 때마다 그들을 비난하는 글로 사이버 공간을 가득 메운다. 야스쿠니 신사는 제2차 세계대전 당시 일본의 전사자와 야만적인 정책으로 중국을 비롯한 아시아 국가를 고통에 빠뜨린 몇몇 A급 전범의 영혼을 기리는 곳이다.

그럼에도 불구하고 중국정부의 애국주의 교육이 정권의 명령에 복종할 준비가 된 수많은 청년을 길러낸다는 사고는 지나치게 단순한 것이다. 실제로 민족주의는 양날의 검이라 할 수 있다. 어떤 때는 정권을 지지하지만 어떤 때는 정치적 상황을 악화시킬 수도 있기 때문이다.[2] 비록 중국 청년의 생각이 애국주의 선전 속에서 형성되었다 하더라도, 그들이 애국심을 표현하는 방법은 매우 다양하고, 그들의 민족주의가 국가의 요구에 얼마나 부합하는지 또한 차이가 있다. 중국의 지도자들은 일면 애국적 열정에 의해 촉발된 천안문사건은 물론 중국의 이전 정권이 직면했던 거대한 위기에 대해 잘 알고 있다.

그들은 또한 2008년 5월 대지진으로 발생한 소요처럼 충성스런 민족주의 구호와 함께 어떤 시위가 생겨났을 때, 자신들의 리더십에 의문을 품는 투쟁으로 번질 수 있음을 알고 있다. 중국의 지도자들은 한번 불붙은 애국주의 열기가 그들을 지지하기보다는 오히려 반대할 수도 있음을 이해한다. 이는 그들이 어째서 젊은이의 민족주의 열기를 부채질하기는커녕 오히려 종종 진정시키려 하는지를 설명해준다.[3]

따라서 중국인의 민족주의는 야누스의 얼굴을 하고 있다. 그

것은 정권을 옹호할 수도 있지만, 그와는 전혀 반대 방향으로 번질 수도 있다.

새 천 년이 시작된 지 오래지 않아 발생한 중국 관련 논쟁은 상당 부분 다음 두 권의 책에서 간략하게 언급된 믿기 어려운 입장을 둘러싸고 벌어졌다. 그 두 권의 책은 『중국 민주주의의 미래』China's Democratic Future와 『중국의 몰락』이다. 전자는 중국이 권위주의로부터 서서히 벗어날 것이라고, 후자는 중국이 내부에서 붕괴될 것이라고 각각 예견했다. 그러나 오늘날 많은 전문가가 이 두 관점과 달리, 중국 공산당 체제가 급격히 변화하기보다는 안정적으로 지속되리라고 본다.

물론 체제 지속의 가능성에 더욱 무게를 두는 세심한 분석가도 자신의 주장이 체제 변화의 가능성을 완전히 무시하는 것은 아니라고 강조한다. 하지만 그들은 중국공산당이 특수한 상황에 대한 적응 능력을 입증한 유연한 조직임을 잊지 말라고 주장한다. 그들은 중국의 정책을 설명하기 위해 '적응력 있는 권위주의'라는 개념을 사용한다.

더욱이 그런 주장을 펼치는 연구자들은 중국의 적응력 있는 권위주의가 개혁개방 이전에도 있었다고 말한다.[4] 마오쩌둥은 1927년에 작성한 「후난 농민운동에 관한 보고서」湖南農民運動考察

報告에서 공산당의 역할에 대한 마르크스주의 이론과 레닌주의자의 관점에 수정을 가했다. 그는 공산당 조직가가 천성적으로 반동적인 농민을 가르치는 교사처럼 행세하는 것을 반대했다. 오히려 농민이 땅에서 체득한 전략을 공산당이 배워야 한다고 주장했다.

그 후 1930년대와 1940년대 중국공산당은 집권 세력인 국민당에 대항하면서 독특하고 선구적인 게릴라 전술을 비롯한 많은 것을 새롭게 시도했다. 또한 마오쩌둥주의의 고조기(1950년대 말에서 1970년대 중반까지)에도 기존의 정설에서 벗어난 새로운 이론이 제시되었다. 예를 들어 이 시기에는 많은 사람이 생산 수단과의 관계에 따라 계급이 결정된다는 마르크스주의의 중심교리를 무시하고, '나쁜' 계급이나 신분이 혈연을 따라 한 세대에서 다음 세대로 유전될 수 있다고 생각했다.

이 같은 사실은 그들의 실험이 좋든 나쁘든 간에, 집권 이전과 이후 역사에서 중국공산당이 어떠한 실험이든 시도할 준비를 갖춘 집단임을 증명한다. 따라서 우리는 오늘날 중국이 집권 상태를 유지하기 위해 꾀하는 실험들에 놀랄 필요가 없다. 중국은 태생적으로 적응력을 갖춘 조직이다. 따라서 공산당 정권이 현재 시도하고 있는 실험들은 중요하게 여겨져야 한다. 물론 중국공산당의 위대한 개척자였던 마오쩌둥이라면 공자

숭배나 (사유재산을 제한하기보다는 오히려 확대시키는) '중국 특색의 사회주의' 등의 실험을 철저하게 반대했겠지만 말이다. 마오쩌둥이 오늘날 중국의 실험을 지켜본다면 깜짝 놀라 유리 관을 박차고 뛰쳐나오려 하지 않을까?

## 중국공산당 앞에 놓인
## 중대 과제는 무엇일까?

내가 만약 베이징의 지도층 중 한 명이었다면, 아래 네 가지 문제 때문에 골머리를 싸매야 했을 것이다. 그 네 가지 문제는 '4E'로 부를 수 있다(중국공산당은 숫자가 들어간 구호를 좋아하므로). 4E란 경제economy, 환경environment, 에너지energy, 관료의 고질적 부패endemic corruption이다.

모든 정치 지도자는 경제를 중시한다. 왜냐하면 민주주의 국가에서 투표는 경제 사정에 따라 좌우되기 때문이다. 또한 권위주의적 환경 아래서 경제 이슈는 사람들로 하여금 거리로 나가 시위에 동참할지, 그냥 집 안에 머무를지를 결정하게 한다. 그러나 오늘날 중국에서 경제는 특별히 중요한 문제다. 중국공산당은 높은 경제성장률을 유지하는 데 안간힘을 쓴다. 그들은 경제를 그저 잘 돌보는 정도가 아니라 크게 발전시킬 필요를 느낀다.

폭발적 경제성장이 부자와 가난한 자를 배출하는 동안, 가난한 사람들은 자신도 부자가 될 수 있으리라는 생각으로 고통을 감수해왔다. 만약 중국의 높은 경제성장이 멈춘다면 그들은 크게 동요할 것이다. 언젠가는 자신에게도 좋은 날이 오리라는 기대가 무너진다면, 이제껏 성실하게 살아온 그들은 분노와 절망의 나락으로 빠져들 것이다.

중국공산당 지도자들은 의료, 교육 등 기본 영역에서 국가 지원 축소가 야기할 문제를 인식하면서, 경제성장의 혜택으로부터 소외된 시골 지역의 복지를 강화하는 노력을 통해 문제를 최소화하고자 애쓰고 있다. 하지만 그러한 정책이 정권의 안정에 잠재적 도움이 되려면, 전체 경제가 성장 중이라는 느낌을 인민에게 지속적으로 줄 수 있어야 한다. 따라서 정권은 심리상으로든 실제적으로든 사람들에게 낙관적 인식을 심어줄 높은 경제성장률에 의존했다. 그것은 어떠한 결점이 있든 공산당의 노선이 옳다는 신념을 갖게 하는 까닭이다.

# 환경, 에너지 문제와 관련해 중국이 직면한 문제는 무엇인가?

환경과 에너지는 모든 국가에 중요한 문제다. 또한 중국 지도자들에게는 딜레마이기도 하다. 환경과 에너지는 서로 밀접하게 연관된 주제이므로 함께 다룰 필요가 있다.

중국의 풍부한 석탄 매장량과 수량水量은 산업화에 유리한 요소이다. 청나라 때와 달리 발달한 도로와 철도로 인해, 탄광이 주요 도시에서 멀리 떨어져 있다는 점은 오늘날 중국에서 더 이상 문제가 되지 않는다. 그러나 이는 중국에 위험 요소이기도 하다. 수많은 광부가 석탄 채굴 도중 부상을 입거나 사망하고 있다. 해마다 중국에서는 전 세계 광산 인부 사망자 수의 4분의 3에 해당하는 4천 명 이상이 석탄 생산 중 목숨을 잃는다. 또한 석탄 사용은 대기오염을 유발한다. 이는 건강과 연관된 문제이기도 하지만, 대기오염 문제의 해결을 촉구하는 항의가 증가 추세라는 점에서 정치 문제가 될 수도 있다. 한편 대규모 댐 건설은 마을의 수몰로 인해 직접적으로 피해를 입은 해당 지역민의 불만을 초래하며, 댐의 부실 공사에 따르는 위험을 걱정하는 목소리도 높다.

중국의 에너지 문제에서 더 나쁜 소식은 자동차 운전자의 급증으로 석유 수요가 급상승한다는 점이다. 공장의 기계를 가동하고, 두터워진 중산층의 생활에 필요한 조명이나 냉난방 조건을 충족시키기 위해서도 더 많은 전기가 필요했다. 중국은 원유 생산국이지만(일부 유전은 신장 또는 일본과 영토 분쟁 중인 태평양의 여러 섬 근처에 있다), 그것만으로는 자국민의 수요를 충족시킬 수 없다. 물론 베이징 정부에서 석유 수입을 고려할 수도 있다. 그러나 미국과 마찬가지로 산유국에 대한 중국의 접근은 국제적인 태도를 드러낸다. 중국공산당이 아프리카나 남아메리카에서 자신의 영향력을 확대하고 (미국과 사이가 좋지 않은) 이란과 친밀한 관계를 유지하려는 것도 그와 같은 까닭이다.

댐이나 원전은 단기적으로나마 전력 수요를 충족시킬 수 있다. 하지만 중국은 전체 전력 생산량의 4분의 3을 화력발전에 의존하는 상태다. 이러한 패턴이 장기간 지속된다면 중국은 가파른 성장을 유지하기 위해 온실가스를 배출하는 발전소를 계속 건설해야 할 것이다(중국에서는 평균 1주에 1개의 화력발전소가 생겨나고 있다).

그러나 물 문제야말로 가장 큰 근심거리다. 강의 오염, 히말라야 만년설의 감소, 중국 북부의 지하수 고갈 등의 이유로 식수와 생활용수의 부족은 이미 심각한 문제가 되었고, 이러한 상황은 더욱 악화될 전망이다. 한편 중국의 몇몇 댐 건설 프로젝트가 중국을 통과해 주변 나라로 흘러들어가는 강의 흐름을 차단함으로써, 물 문제는 향후 정치 문제로 번질 수도 있다.[5]

중국의 싼샤 댐 ⓒ연합뉴스

앞에서 말한 거의 모든 문제에 영향을 줄 수 있는 가장 중대한 문제는 바로 부패이다. 그 이유는 끔찍한 홍수를 초래할 수 있는 무시무시한 사고가 댐의 부실공사로 인해 발생할 수 있기 때문이다. 부실공사는 관료와 건설업체 사이에 혈연이나 인맥으로 형성된 부도덕한 거래로 생겨날 수 있다. 중국에서 2008년에 발생한 대지진이 사람들의 분노를 자아낸 가장 큰 원인은 많은 학교가 붕괴되어 수업 중인 다수의 아이가 목숨을 잃었다는 데 있다. 블로거들은 건축자와 지역 관료가 절차를 무시하고, 건물의 안전에 들여야 할 비용을 횡령해 그런 사태가 발생했다고 주장했다. 많은 사람이 그들의 주장을 신뢰했다. 학교 인근의 다른 건물들이 무너지지 않았다는 사실은 그들의 주장에 신빙성을 더해주었다. 그러나 그런 주장을 애초부터 사람들이 쉽게 받아들일 수 있었던 원인은 사회에 만연한 부패 때문이다.

부패의 심각성을 강조하기 위해 천안문사건을 다시 떠올려 보자. 천안문사건과 같은 사태가 다시 일어나지 않는 한 가지 원인은 새로운 시위가 거대한 참극을 다시 불러올 수 있다는 두려움 덕분이다. 또 다른 원인은 1989년 이래 경제 분위기와 생활양식이 사회를 분열시켰다는 데 있다. 즉 각기 다른 사회 집단에 속한 사람들이 서로 공감대를 형성하지 못하는 까닭에, 다른 영역에서 촉발된 집단행동에 가담하는 데 소극적이 된다. 그러나 가장 중요한 이유는 아마도 이것일 것이다. 제2의 천안문사건이 다시 일어나지 않는 까닭은 정부가 그러한 사태가 일어날 가능성을 줄이기 위해 노력했고, 정부를 향한 심각한 불만을 미리 차단해 학생이 거리를 점거하고 시민이 이에 호응하는 일이 없도록 조치해왔기 때문이다. 이제 학생은 직업을 구하거나(자신에게 할당된 직업을 수용하는 것이 아니라) 다양한 상품을 고르는(풍부한 해외 작가의 번역서를 포함해) 등 일상에서 더 많은 선택에 처하게 되었다. 그들은 더 쉽게 전 세계 젊은이의 문화(록음악, 비디오게임, 인터넷카페 등)에 동참하기를 원하며, 아울러 정부가 인플레이션을 통제해주기를 바란다. 그들은 그런 혜택을 점점 더 많이 누리고 있지만(많은 인명을 앗아간 쓰촨 참사와 관련된 그들의 항의도 어느 정도 성공을 거두었다고 할 수 있다), 커다란 불만 요소 두 가지는 여전히 남아 있다. 하나는 민주주의 부재에 대한 불만이다. 사람들의 불만에도 불구하고 중국의 정치 시스템은 여전히 비민주적이다. 다른 하나는 부패의 만연이다. 1989년 이후 중국정부는 자신들이 이 문제를 우려하고 있음을 보여주고자 몇 차례 반부패운동을 벌였다. 그러나 그런 운동은 실상 중앙의 고위 관료를 뺀 다수의 지방 관료만을 희생양으로 삼았을 뿐이다(이들 중 일부는 감옥에 수감되거나 처형당했다). 이로 인해 정권의 부패척결운동은 늘 실패로 끝났고 그 열기도 점차 수그러들고 있다.

부패에 대한 혐오감이 전국적인 시위로 확대된 적은 아직 없었다. 그 이유는 다음과 같다. 첫째, 국가 경제가 줄곧 상승세였다. 이는 관료의 부패가 국가 발전을 방해할 정도로 중대한 문제는 아니라는 점을 사람들에게 알려준다. 둘째, 비난받을 사람은 지방의 관료뿐이며, 중앙정부는 아직 깨끗하다는 믿음을 사람들에게 심어준 덕분이다. 심각한 경제 침체나 성장 둔화는 관료 사회의 부패가 국가 전체의 번영에 방해되지 않는다는 생각을 점차 사라지게 만들 것이다(중국은 2008년도 말 금융위기를 경험했지만, 신속하게 위기에서 빠져나왔다). 과거에 중국공산당은 국민당 관료보다 덜 부패했던 덕에 사람들의 지지를 얻어 정권을 수립할 수 있었다. 따라서 1949년의 부패한 국민당의 몰락에 대한 기억은 앞으로도 중국공산당 정권의 아킬레스건이 될 것이다.

# 미·중 양강 구도 시대에
## 양국은 어떻게 조화를 이룰 수 있을까?

미국과 중국이 세계 최강국의 지위를 나누어 갖게 될지 여부는 매우 중요한 문제다. 이 책은 두 나라 사이의 오해를 해소하고, 적어도 오해의 내용이 무엇인지 알리기 위해 집필되었다. 애석하게도 간단한 해결책이란 존재하지 않지만, 앞에서도 말했듯이 미국과 중국 간의 오해를 막기 위해 최소 한 가지 방법은 존재한다. 그리고 두 나라 사이에 많은 공통점이 있다는 점은 광범위한 공감을 얻을 수 있을 것이다.[6]

오늘날 중국에서 벌어지는 여러 일이 1800년대 말과 1900년대 초 급속한 산업화로 강대국 대열에 들어설 당시의 미국에서 있었던 일과 퍽 유사하다는 점을 주의해야 한다. 더욱이 지도자들은 미국과 중국을 완전히 다른 나라로 보지만, 제3국에 사는 사람은 때때로 중국과 미국을 같은 범주에 집어넣는다.

1990년대에 나는 중국과 미국의 인권 문제를 강의하기 위해 스웨덴에 방문한 적이 있다. 이때 나는 제3국 사람들이 두 나라를 비슷하게 여긴다는 사실을 처음 알게 되었다. 강의 주제 가운데 하나는 정치적·종교적 자유와 발언의 자유 등을 널리 선전하는 미국의 공식 문서와 사회적·경제적 권리를 선전하는 중국의 공식 문서 사이에 어떤 차이가 있는지에 관한 것이었다. 나는 그러한 차이로 인해 미국과 중국이 서로를 반인권 국가라 헐뜯게 되었음을 말하려 했다. 즉 미국은 베이징 정부의 반체제 인사 감금을 이유로, 중국은 워싱턴 정부가 막대한 국가 재정에도 불구하고 무주택자와 건강보험의 혜택을 받지 못하는 사람을 방치한다는 이유로 서로를 비난한다고 주장하려 했던 것이다.

그러나 한 대학 라디오의 인터뷰에서 어떤 학생은 (다른 스웨덴인과 마찬가지로) 내게 인권 문제에서 미국과 중국이 모두 문제가 있다고 지적했다. 그녀가 예로 든 것은 사형 제도였다. 미국과 중국은 다른 강대국과 달리 사형 제도를 유지하고 있는 주요 국가라는 것이다.

워싱턴과 베이징은 서로 다른 주장을 펼치지만, 두 나라의 공통점에 주목하는 사람은 다른 나라에도 있다. 예를 들어 유럽이나 인도의 일부 지식인은 워싱턴과 베이징 정권이 모두 석유 확보를 위해 안간힘을 쓰고 있다고 본다. 심지어는 일부 미국인조차도 그러한 이유로 자국 정부의 대외 정책을 비판한다.

더욱이 오랫동안 각국 지도자는 '제국주의'를 혐오한다고 주장했지만, 실제로는 '근대성'과 '문명'에 대한 자신의 생각을 그것을 원치 않는 다른 집단에게 강요하기 위해 치밀하게 준비해왔다.[7] 따라서 티베트와 신장에 대한 베이징 정부의 정책을 떠올리기에 앞서, 미국인은 하와이가 본래 미국 영토가 아니었다는 사실에 자신들이 얼마나 거부 반응을 일으키는지 떠올릴 필요가 있다(하와이는 달라이 라마가 망명길에 오른 1959년에 미국에 병합되었다). 아울러 미국인은 워싱턴 정부가 이라크를 독립 국가로 여기면서도, 얼마나 그 나라를 자기 영향력 안에 묶어두려 하는지 떠올려보아야 한다(이라크는 신장과 마찬가지로 미국이 탐내는 유전을 갖고 있다). 게다가 오늘날 국경 지역 주민에 대한 중국정부의 통치는 19세기 미국 정부가 아메리카 원주민을 다루었던 방식을 상기시킨다. 이러한 분석은 비록 완벽하지는 않지만, 적어도 미국과 중국이 완전히 서로 다른 역사를 지닌 나라라는 사고에 의문을 던진다.

미국과 중국의 유사점 가운데 어떤 것은 중국을 비난하기 좋아하는 미국의 태도에 대해 좀 더 진지한 비판을 가능하게 한다. 피터 헤슬러Peter Hessler가 중국의 '인스턴트 시티'instant city● 에 관해 다룬 글에서 밝혔듯이, 중국의 많은 공장에서는 미국 제품을 무단 복제한 기계를 사용한다. 그러나 초창기 미국의 발전도 신흥도시의 사업가들이 특허 받은 영국의 기술을 무단으로 이용하도록 방임한 '분해 모방'에 상당 부분 의존했다.[8] 또한 미국의 역사학자 스티븐 미흠Stephen Mihm은 다음과 같이 지적한다. 1800년대 말 미국은 오늘날 그들의 눈에 비친 중국처럼 유럽인에게 질이 떨어지거나 위험한 상품을 파는 나라로 인식되었고 복제품의 왕국으로 여겨졌다(찰스 디킨스는 대서양 건너편에서 무단복제된 자신의 책이 얼마나 잘 팔려나가는지에 대해 신랄하게 비난한 바 있다).[9]

한편 1800년대 말에서 1900년대 중반까지 미국이 대규모 철도와 고속도로 시스템을 건설해 서로 분리된 지역을 하나로 연결하는 놀라운 공사를 벌인 것처럼, 최근의 중국 또한 그와 유사한 공정을 수행하고 있다(티베트를 연결하는 최첨단 철로 구

● 1980년대 이래로 단기간에 급격히 산업화되고 인구가 대규모로 유입된 중국의 도시를 가리킨다.

축이 눈에 띄는 예다). 또한 과거 미국이 그랬듯 오늘날 중국은 대규모 댐들을 건설 중이다. 근래 '과학적 미국인'이라는 주제가 지적하듯 오늘날 중국은 인류 역사상 유례없이 거대한 에너지의 전환을 겪는 개발도상국이지만, 이는 1950년대 미국의 기술적 낙관주의에 의해 촉발된 것이다.[10]

한편 19세기 말에서 20세기 초는 미국이 처음으로 국제박람회와 올림픽을 개최한 때이기도 하다. 세계적인 인류학자 수전 브라우넬Susan Brownel이 우리에게 상기시키듯, 미국이 처음으로 올림픽을 개최한 1904년 당시(그 전 올림픽은 유럽에서만 개최되었다) 미국 올림픽의 개최 결정은 일부 외국인에게 IOC의 실수로 여겨졌다. 그때 미국은 경제성장 가능성을 지닌 나라이긴 했지만, 아직 선진국은 아니었다. 이러한 상황은 2008년 베이징올림픽에 대한 서방 논객들의 평가와도 유사하다.[11]

## 미국인은 중국에 대한 비판을
## 일절 삼가야 하는가?

지금까지 말한 미국과 중국 사이의 유사성이 중국에 대한 미국인의 비판을 막거나 단념시키기 위한 것은 아니다. 반대의 경우도 마찬가지이다. 그러나 미흠이 언급했듯이, "중국에 대해 올바로 이해하고자 한다면, 우리는 우리 자신의 역사를 지침서로 삼을 필요가 있다." 또한 우리가 중국의 어떤 면을 비판하기 위해서는 우선 약간의 감정이입이 필요하다.[12] 두 강대국 국민이 서로의 차이점만큼 유사성에 대해서도 깊이 생각한다면, 태평양을 사이에 두고 어떠한 비판이 오가더라도 과거와 같은 오만한 태도는 줄어들 것이다.

또한 상대편 나라에 살고 있는 사람을 좀 더 많이 알게 된다면 미국과 중국 사이의 오해도 줄어들 것이다. 나는 이 책을 끝까지 다 읽은 독자가 중국인에 대해 몇 가지 기본적인 사항을 새로이 알게 되었기를 바란다. 그리고 나의 중국인 친구들이 태평양 건너편에 있는 거대한 반제국주의적 제국인 미국에 대해, 이 책에서 제시한 것과 동일한 시각에서 "그들이 알아야 할 모든 것"을 이야기해주기를 기대한다.

1  Robert A. Kapp "Coming Distractions: Two Kinds of Time," China Beat, November 12, 2008, http://thechinabeat.blogspot.com/2008/11/coming-distractions-two-kinds-of-time.html (2009년 7월 27일 접속) 나는 중국을 다룬 글들이 '황금시대'를 맞이했다는 사실에 동의한다(그중 상당수는 영어로 쓰여 접근이 쉽다). 또한 나는 그런 분위기에 일조한 에번 오스노스Evan Osnos, 피터 헤슬러Peter Hessler, 이언 존슨Ian Johnson, 리자 장Lijia Zhang, 하워드 프렌치Howard French, 판카즈 미시라Pankaj Mishra, 레슬리 T. 창Leslie T. Chang, 마이클 마이어Michael Meyer, 롭 기포드Rob Gifford, 팔라비 아이야르Pallavi Aiyar 등의 필자를 신뢰한다. 물론 이 명단은 매우 부분적이며, 글로 이루어진 소통에만 의존해 작성되었다는 한계가 있다(따라서 이 명단에는 루이사 림Louisa Lim처럼 라디오에서 주로 일하는 사람들은 빠져 있다). 여기에는 1990년대나 그 이후에 중국 관련 글을 기고하기 시작한 사람(이에 따라 1990년대 이전부터 중화인민공화국에 대해 좋은 글을 써왔던 이저벨 힐턴Isabel Hilton이나 오빌 셸Orville Schell이 제외되었다)과 영어로 글을 쓰는 사람만 포함되었다(그로 인해 중요한 구술사가이자 저널리스트인 쌍 예Sang Ye처럼 훌륭한 중국인 저자와 유럽의 평론가 일부가 빠지게 되었다).

## 1장

1  유가와 그 밖의 고대 사상가에 대한 좀 더 자세한 지식은 Benjamin I. Schwartz, *The World of Thought in Ancient China* (Cambridge, MA: Harvard University Press, 1985)를 참고할 것. 노련미가 돋보이는 이 책은 이 방면에 흥미를 지닌 초보 독자에게 좋은 지침서가 될 것이다. 주요 철학자들에 대한 해설은 윌리엄 시어도어 드 배리William Theodore De Bary와 아이린 블룸Irene Bloom 등이 편집한 *Source of Chinese Tradition, Volume I*, 2nd ed. (New York: Columbia University Press, 2000)을 참고할 것.

2  Lionel M. Jensen, *Manufacturing Confucianism* (Durham, NC: Duke University Press, 1997)

3  만리장성과 관련된 편견에 대해서는 Arthur Waldron, *The Great Wall of China: From History to Myth* (Cambridge: Cambridge University Press, 1992)를 참고할 것.

4  K. E. Brashier, ed., *The First Emperor: Selections from the Grand Historian* (Oxford: Oxford University Press, 2009).

5  신문화운동의 배경 및 이와 관련된 인용은 Chow Tse-tsung, *The May Fourth Movement: Intellectual Revolution in Modern China* (Cambridge, MA: Harvard University Press, 1960)와 Rana Mitter, *A Bitter Revolution: China's Struggle with the Modern World* (Oxford: Oxford University Press, 2004)를 참고할 것.

6  이런 표현은 여러 곳에서 볼 수 있다. 일례로 중국 정부에서 지원하는 난양이공대학 유학과의 웹사이트는 "'5,000년 중국문명' 이수 과정"(5,000 years Chinese Civilization Certificate Course)과 같은 문구를 사용한다. 다음 사이트를 참고할 것. http://ci-ntu.com/english/programmes/student-programmes/3045– 5000-Years-Chinese-Civilization-Certificate-Course.html.

7  Yu Dan, *Confucius from the Heart: Ancient Wisdom for the Modern World* (London: MacMillan, 2009).

8  Kenneth L. Pomeranz, *The Great Divergence: China, Europe, and the Making of the Modern World Economy* (Princeton, NJ: Princeton University Press, 2000).

2장

1 Li Xueqin, *Eastern Zhou and Qin Civilizations* (New Haven, CT: Yale University Press, 1985), pp.12~15.

2 John King Fairbank and Merle Goldman, *China, A New History* (Cambridge: Belknap Press of Harvard University Press, 1998), p.59.

3 Peter Ward Fay, *The Opium War, 1840–1842* (Chapel Hill: University of North Carolina Press, 1975) 그리고 James Polachek, *The Inner Opium War* (Cambridge, MA: Council on East Asian Studies, Harvard University, 1992).

4 Susan Naquin, *Millenarian Rebellion in China: The Eight Trigrams Uprising of 1813* (New Haven, CT: Yale University Press, 1976).

5 Daniel Overmyer, *Folk Buddhist Religion: Dissenting Sects in Late Imperial China* (Cambridge, MA: Harvard University Press, 1976).

6 Fairbank and Goldman, *China: A New History*, pp.189~191.

7 Henrietta Harrison, *The Making of the Republican Citizens: Political Ceremonies and Symbols in China, 1911–1929* (Oxford: Oxford University Press, 2000).

3장

1 Marie-Claire Bergère, *Sun Yat-sen*, translated from the French by Janet Lloyd (Stanford, CA: Stanford University Press, 1998).

2 James E. Sheridan, *China in Disintegration: The Republican Period in Chinese History, 1912–1949* (New York: Free Press, 1975).

3    Rana Mitter, *A Bitter Revolution: China's Struggle with the Modern World* (Oxford: Oxford University Press, 2004).

4    Arif Dirlik, *The Origins of Chinese Communism* (Oxford: Oxford University Press, 1989).

5    Richard Rigby, *The May Thirtieth Movement: Events and Themes* (Canberra: Australia National University Press, 1980).

6    Donald Jordan, *The Northern Expedition: China's National Revolution of 1926–1928* (Honolulu: University of Hawaii Press, 1976) 그리고 노동자 시위에 관해서는 Elizabeth J. Perry, *Shanghai on Strike: The Politics of Chinese Labor* (Stanford: Stanford University Press, 1993)를 참고할 것.

7    Fairbank and Goldman, *China: A New History*, p.305 R. Keith Schoppa, *Revolution and Its Past: Identities and Change in Modern Chinese History* (Upper Saddle River, NJ: Prentice Hall, 2002), p.235.

8    Benjamin Yang, *From Revolution to Politics: Chinese Communists on the Long March* (Boulder, CO: Westview, 1990).

9    Schoppa, *Revolution and Its Past*, p.257.

10    Suzanne Pepper, *Civil War in China: The Political Struggle, 1945–1949* (Berkeley: University of California Press, 1978).

11    John Gardner, "*The Wu-fan Campaign in Shanghai*," in A. Doak Barnett, ed., *Chinese Communist Politics in Action* (Seattle: University of Washington Press, 1969), p.477. 저우언라이의 말을 인용.

12    Susan Glosser, *Chinese Visions of Family and State, 1915–1953* (Berkeley:

University of California Press, 2003).

[13] Mark Selden, *The People's Republic of China: A Documentary History of Revolutionary Change* (New York, 1979), p.213.

[14] Jonathan D. Spence, *The Search for Modern China* (New York: Norton, 1999, second edition), p.553 그리고 Carl Riskin, "*Seven Questions about the Chinese Famine of 1959–61*," *China Economic Review* 9.2 (1998), pp.111~124.

[15] Jung Chang and Jon Halliday, *Mao: The Unknown Story* (New York: Knopf, 2005).

## 4장

[1] George Black and Robin Munro, *Black Hands of Beijing: Lives of Defiance in China's Democracy Movement* (New York: John Wiley, 1993).

[2] 전지구화에 대한 예언적 텍스트로서 『공산당선언』을 재평가하고 그 근거를 서술한 사람은 좌파와는 거리가 먼 토머스 프리드먼Thomas Friedman이다. 이에 관한 구체적인 내용은 Philip Gaster, ed., *The Communist Manifesto: A Road Map to History's Most Important Political Document* (Chicago: Haymarket, 2005) 중 "Afterword: Is the Manifesto Still Relevant?"를 참고할 것.

[3] 예를 들어 다음과 같은 책들을 참고할 것. Edward Friedman and Barrett L. McCormick, eds., *What If China Doesn't Democratize?* (Armonk, NY: M. E. Sharpe, 2000), 그리고 Bruce Dickson, *China's Red Capitalists: The Party, Entrepreneurs, and Prospects for Political Change* (Cambridge: Cambridge University Press, 2003).

[4] 전형적인 최근의 예를 살펴보려면 다음 사이트를 참고할 것. "China Dismisses

Local Leaders after Angry Protest," http://news.yahoo.com/s/ap/20090725/ap_on_
re_as/as_china_unrest (2009년 7월 25일 접속).

5  Kevin J. O'Brien, "Rural Protest," *Journal of Democracy* 20, no. 3 (July 2009),
pp.25~28.

6  데이비드 오운비David Ownby는 "China's War against Itself," *New York Times*,
February 15, 2001를 다음과 같이 끝맺는다. "중국의 전통과 그 현재적 가치에 대
한 (파룬궁의) 특이한 관점은 오늘날 중국 정부와 공산당에 위협이 된다. 왜냐하
면 그들은 중국의 국가주의와 중국적이라는 개념의 의미를 결정하는 중국정부와
공산당의 유일한 권리를 부정하기 때문이다." 이러한 주장과 관련해서는 오운비의
*Falun Gong and the Future of China* (New York: Oxford University Press, 2008)
도 아울러 참고할 것.

7  이와 관련된 중국 지식인의 여러 가지 입장을 살펴보려면, Wang Chaohua, *One
China, Many Paths* (London: Verso, 2003)를 참고할 것. 또한 중국 예술가 사이
에서의 다양한 합의와 저항에 대해서는 *In the Red: On Contemporary Chinese
Culture* (New York: Columbia University Press, 2000)를 포함해 제러미 R. 바메
Geremie R. Barmé가 편찬한 많은 간행물을 참고할 것.

8  미국은 최근 국제박람회에 참가하지 않거나 기업의 후원을 받아 전시장의 형태로
참가해왔다. 미국의 입장에서 2010년 상하이 국제박람회는 그냥 지나치기에는 너
무도 중요했다. 이에 정부의 허가를 받은 조직들(그리고 힐러리 미국 국무장관으
로부터 상징적인 지지를 받는 조직들)은 미국의 공식적인 참가를 보장하기 위해
사적 기금을 조성했다. 이러한 과정을 거쳐 2009년 7월 미국 기업들은 상하이 국
제박람회 참가를 결정했다. 프랑스통신사AFP에서 기록한 것처럼("*US Signs Up to
Participate in Shanghai's World Expo*," 2009년 7월 10일자 기사를 참고할 것) 초
강대국 미국의 참가 결정은 중국과 외교 관계를 맺고 있는 나라 중 유일하게 박람
회 참가 여부가 아직 결정되지 않은 소국小國 안도라보다는 일찍 이루어졌지만, 역
시 매우 작은 나라인 산마리노가 참가를 결정한 직후에야 비로소 이루어졌다. 미국
의 2010년 국제박람회 참가 여부와 그 방법을 둘러싸고 벌어진 논의에 대해서는

Adam Minter, "The Pavilion Wars," *Atlantic*, April 9, 2009를 참고할 것. 이 글은 http://www.theatlantic.com/doc/200904u/shanghai-expo-2010 (2009년 8월 21일 접속)에서도 확인할 수 있음.

9 AFP 뉴스제공서비스 "One-child Policy Debate Reignited in China," http://www.bangkokpost.com/news/asia/150722/one-child-policy-debate-reignited-in-china (2009년 8월 24일 접속)를 참고할 것.

10 '생리 감시대'에 대한 논쟁과 관련해서는 리자 장Lijia Zhang의 훌륭한 회고록 *"Socialism Is Great!": A Worker's Memoir of the New China* (New York: Atlas, 2008)를 참고할 것.

11 '1가구1자녀 정책'에 대해서는 Tyrene White, *China's Longest Campaign* (Ithaca, NY: Cornell University Press, 2006)과 Susan Greenhalgh, *Just One Child: Science and Policy in Deng's China* (Berkeley: University of California Press, 2008), 그리고 Wasserstrom, "Resistance to the One-Child Family."를 참고할 것.

12 오늘날 중국에서 산업과 정부가 얼마나 긴밀하게 연관되어 있는지에 대해서는 싼샤 댐 공정과 관련된 케네스 포머런츠Kenneth Pomeranz의 다음 문장을 참고할 것. "국가 조직은 기업들 내부로 침투했고, 세계 최대 수리 공정의 각 분야를 책임진 기업들은 정부와의 관계를 이용해 자금과 조직의 이점을 획득했다. (메콩강 북쪽의) 란창강瀾滄江 개발권을 획득한 화넝華能그룹의 사장은 전 수상이었던(그리고 싼샤 댐 프로젝트의 지지자였던) 리펑李鵬의 아들 리샤오펑李小鵬이다(그는 중국의 다른 많은 지도자처럼 공학 분야 출신이며, 산업과 탄광 채굴의 임무를 맡아 일약 산시山西 제2의 통치자로 떠올랐다). 그의 누이 리샤오린李小琳은 화넝그룹의 가장 중요한 자회사인 중국전력국제개발(홍콩 기업)의 CEO이다." Kenneth Pomeranz, "The Great Himalayan Watershed," New Left Review 58 (July/August 2009), pp. 5~39.

13 Minxin Pei, "The Dark Side of China's Rise," Foreign Policy, March/April 2006, http://www.carnegieendowment.org/publications/index.cfm?fa=print&id=18110 (2009년 9월 2일 접속)는 중국을 설명하기 위해 '자본주의'라는 개념과 더불어 '후

기 레닌주의' 개념을 사용했다.

14 '시장 레닌주의' 개념에 대해서는 Nicholas Kristof, "China Sees 'Market-Leninism' as Way to Future," *New York Times*, September 6, 1993를 참고할 것. 몇몇 사람은 '중국 특색의 자본주의'라는 용어를 오랫동안 사용했다. 예를 들어 이 개념은 손 브레슬린Shawn Breslin의 에세이 "Capitalism with Chinese Characteristics: The Public, the Private and the International," Murdoch University Asia Research Centre, Working Paper 104 (2004년 8월)에서 볼 수 있으며, 이후 스콧 케네디Scott Kennedy가 인디애나대학교에서 개최한 회의의 명칭인 "Capitalism with Chinese Characteristics: China's Political Economy in Comparative and Theoretical Perspectives" (2006년 5월 19일, 20일), 그리고 Yasheng Huang, *Capitalism with Chinese Characteristics: Entrepreneurship and the State* (Cambridge: Cambridge University Press, 2008)에서도 찾을 수 있다.

15 Pallavi Aiyar, "Urumqi Is Not Too Different from Godhra," Business Standard, July 16, 2009, http://www.business-standard.com/india/news/pallavi-aiyar-urumqi-is-not-too-differentgodhra/364008 (2009년 10월 16일 접속).

16 내가 알기로 '만리장성 방화벽'The Great Firewall이라는 은유적 표현은 중국의 인터넷에 대해 분석한 다음 글에서 처음 등장했다. Geremie R. Barmé and Sang Ye, "The Great Firewall of China," *Wired 5*, no. 6 (June 1997), pp. 138~150, http://www.wired.com/wired/archive/5.06/china_pr.html (2009년 9월 4일 접속).

17 예를 들어 블로그 "How the World Works"(Salon.com)에 실린 Andrew Leonard, "Tiananmen's Bloody Lessons for Tehran," June 19, 2009, http://www.salon.com/tech/htww/2009/06/19/tiananmen_and_tehran과 Tony Karon, "Iran: Four Ways the Crisis May Resolve," *Time*, June 18, 2009, http://www.time.com/time/world/article/0,8599,1905356,00.html (2009년 9월 4일 접속)를 참고할 것. 한편 나는 인터넷 통제에 대한 중국과 이란의 유사성을 알려준 샤오 창Xiao Qiang에게도 고마움을 표한다. 그는 이란의 인터넷 통제가 중국과 달리 덜 정교하고 더디다는 점을 아울러 강조했다.

18    '만리장성 방화벽'과 '인터넷 보모'라는 개념의 빈번한 사용과 양자의 차이에 대해
서는 ULN(자신을 '상하이에 행복하게 살고 있는 외국인'이라고 명명한 한 익명
의 블로거)의 블로그 Chinayouren : Of China Changing the World (January 22,
2009)에 등록된 글, "China's Internet Censorship Explained," http://chinayouren.
com/en/2009/01/22/1334, (2009년 9월 4일 접속)를 참고할 것. 그 현상과 관련
된 다양한 논의는 아래의 웹사이트에서도 살펴볼 수 있다. RConversation(http://
rconversation.blogs.com), Danwei: Chinese Media, Marketing, Advertising, and
Urban Life(www.danwei.org), China Digital Times(http://chinadigitaltimes.net),
그리고 홍콩 사이트 China Media Project(http://cmp.hku.hk).

5장

1    이러한 현상에 대한 고전적인 설명은 Harold Isaacs, *Scratches on Our Minds:
American Views of China and India* (Armonk, NY: M. E. Sharpe, 1997)에 남아 있
다. 이 책의 개정판은 1958년에 출간되었고, 가장 최근의 머리말은 1980년에 삽입
되었다. 한편 Jonathan D. Spence, *The Chan's Great Continent: China in Western
Minds* (New York: W. W. Norton, 1999)를 참고할 것. 그리고 Colin Mackerras,
*Sinophiles and Sinophobes: Western Views on China* (New York: Oxford
University Press, 2001)는 관련 1차 문헌의 목록을 제공한다.

2    Ethan Gutman, "A Tale of the New China: What I Saw at the American Embassy
in Beijing," *Weekly Standard*, May 24, 1999, p. 23 여기서 저자는 다음과 같이 자
신의 느낌을 적었다. "그곳(베이징)에 있는 것만으로도 나는 흥분되고 머리가 어
지러울 지경이다. 다음 세기에 초강대국이 되어 세계의 중심에 있게 될 그 나라의
수도와 젊은이들은 마치 보그족처럼 우리의 국기와 조그마한 실수에 혐오감을 드
러낸다." (이 마지막 문장은 현재까지도 많은 중국인이 베오그라드 대사관의 피폭
이 단순 실수가 아닌 의도된 것이라고 추정하고 있음을 보여준다.) 한편 이 저자는
"Who Lost China's Internet?" *Weekly Standard*, February 25, 2002, p. 24에서도 '중
국인 보그족'이라는 SF영화 속 표현을 다시 사용한다.

3   Jeffrey N. Wasserstrom, "Student Protests in Fin-de-Siècle China," New Left Review 237 (September/October 1999), pp. 52~76를 참고할 것.

4   특정 집단에 초점을 맞추어, '한족' 내부의 다양성에 대해 논한 다음 글을 참고할 것. Sara L. Friedman, "Embodying Civility: Civilizing Processes and Symbolic Citizenship in Southeastern China," *Journal of Asian Studies* 63, no. 3 (August 2004), pp. 687~718.

5   전족에 대한 중국인의 다양한 태도에 관해서는 Dorothy Ko, *Cinderella's Sisters: A Revisionist History of Footbinding* (Berkeley: University of California Press, 2007)을 참고할 것.

6   중국의 한족이 다른 민족을 동물에 빗대 쓰는 표현에 대해서는 Dru Gladney, *Dislocating China: Reflections on Muslims, Minorities, and Other Subaltern Subjects* (London: C. Hurst, 2004), p. 35를 참고할 것. 이와 마찬가지로 한족 도시 이주민들을 열등한 인간으로 여기거나 '쑤베이 돼지'라고 부르는 경향에 대해서는 Emily Honig, *Creating Chinese Ethnicity: Subei People in Shanghai, 1850–1980* (New Haven, CT: Yale University Press, 1992)를 참고할 것.

7   '멋진 신세계'와 현 중국의 유사성에 대한 최근의 흥미로운 지식과 중국을 오웰주의자의 '빅브라더' 국가로 여기는 경향에 대해서는 Howard W. French, "Letter from China: What If Beijing Is Right?" New York Times, November 2, 2007, http://www.nytimes.com/2007/11/02/world/asia/02iht-letter.1.8162318.html?pagewanted=1&_r=1 (2009년 9월 2일 접속)와 Rana Mitter, *Modern China: A Very Short Introduction* (Oxford: Oxford University Press, 2007), Marcus Anthony, "The New China: Big Brother, Brave New World, or Harmonious Society?" Journal of Future Studies 11 (4) (May 2007), pp. 15~40, http://www.scribd.com/doc/16999747/China-Big-Brother-Brave-New-World-or-Harmonious-Society (2009년 9월 2일 접속), 다음에 인용한 제러미 골드콘Jeremy Goldkorn의 글을 참고할 것. 또한 '멋진 신세계'와 '중국'의 연관성에 대한 나의 주장은 "China's Brave New World," *Current History* 102, no. 665 (September 2003), pp.

266~269를 참고할 것. 한편 이 주제에 대한 확장된 논의는 *China's Brave New World—and Other Tales for Global Times* (Bloomington: Indiana University Press, 2007), pp.125~132에서 살펴볼 수 있다. 나는 헉슬리가 오웰과 마찬가지로 온라인게임 같은 오락문화에 사로잡힌 중국의 상황을 이해하는 데 유용한 시야를 제공한다는 사실을 내가 맨 처음 제기했다고 말하고 싶지는 않다(나는 2003년도의 어떤 글에서 중국의 오락문화에 대해 언급했다). 사실 나는 1997년에 인터넷에 올린 글에서 '중국의 만리장성 방화벽'에 대해 언급했고, 제러미 바메와 쌍 예는 이 문구에서 착안한 'Brave New Net'이라는 부제를 자신들의 책의 세부 목록에 사용한 바 있다.

8   이러한 주장에 대한 더 자세한 내용은 Wasserstrom, *China's Brave New World*, p. 125를 참고할 것.

9   이러한 논쟁에 대한 기존과 최근의 예들에 대해서는, John J. Thacik, "China's Orwellian Internet," *Heritage Foundation Backgrounder* #1806 (October 8, 2004), http://www.heritage.org/research/asiaandthepacific/bg1806.cfm (2009년 9월 2일 접속)과 William Pesek, "Web Porn Won't Hurt China as Much as Orwell Will," Bloomberg News, June 22, 2009, http://www.bloomberg.com/apps/news?pid=20601039&sid=aIHVyrLaYtiQ (2009년 9월 2일 접속)을 참고할 것.

10  Jeremy Goldkorn, "Dystopia and Censorship," Danwei Web site, August 27, 2009, http://www.danwei.org/internet_culture/dystopia_and_censorship.php (2009년 9월 2일 접속). 이 글은 *Daily Telegraph*의 2009년 8월 26일자 논평 "China's Internet, the Wild, Wild East"에서 발췌한 중요한 내용을 기초로 한다.

11  나는 정치과학자 엘리자베스 J. 페리Elizabeth J. Perry와의 대화를 통해 비로소 티베트와 하와이 사이의 유사성에 대해 생각할 수 있었다. 그녀는 2008년 3월에 벌어진 사태에 관한 미국인의 질문에 이 분석이 유용하다는 점을 발견했다. 그녀는 이 점에 대해 정교한 고찰을 진행하지는 않았지만, 나는 곧 중요한 아이디어를 얻을 수 있었다. 특히 티베트 사태의 정치적 특수성을 알면서도, 적잖은 중국인이 티베트를 멋진 자연경관과 이국적 문화를 접할 수 있는 여행지로 생각한다는 점에서 티베트

와 하와이의 유사성에 대한 분석은 흥미로운 주제였다.


## 6장

1   Leslie T. Chang, *Factory Girls: From Village to City in a Changing China* (New York: Spiegel & Grau, 2008), p. 12.

2   이에 대한 이해하기 쉽고 명쾌한 해설은 Stanley Rosen, "Contemporary Chinese Youth and the State," *Journal of Asian Studies* 68, no. 2 (May 2009), pp. 359~369에서 확인할 수 있다. 한편 동일한 주제에 관한 최신 기사를 보려면 Evan Osnos, "Angry Youth," *New Yorker*, July 28, 2008, http://www.newyorker.com/reporting/2008/07/28/080728fa_fact_osnos (2009년 8월 13일 접속)를 참고할 것.

3   자오 쑤이성Zhao Suisheng의 "China's Pragmatic Nationalism: Is It Manageable?" *Washington Quarterly* 29, no. 1 (Winter 2005–2006), pp. 131~144과 Dune Lawrence, "Carrefour Boycott Has China Reining in Supporters," April 30, 2008, Bloomberg News를 참고할 것. 그리고 신세대의 애국주의에 대한 통찰력 있는 관점에 대해서는 Evan Osnos, "Angry Youth," *New Yorker*, July 28, 2008, www.newyorker.com/reporting/2008/07/28/080728fa_fact_osnos (2009년 12월 15일 접속)를 참고할 것.

4   이 개념은 하버드대학교 2008년 컨퍼런스에서 붙인 명칭에서 유래한다. 자세한 내용은 http://www.wcfia.harvard.edu/conferences/08_china/overview를 참고할 것. 그리고 이에 이어 2010 Association for Asian Studies conference가 2010년 3월에 필라델피아에서 열릴 예정이다.

5   Kenneth Pomeranz, "The Great Himalayan Watershed," *New Left Review* 58 (July/August 2009), pp.5~39.

6   이 책의 작업을 마친 후 나는 Bruce Cummings, *Dominion from Sea to Sea: Pacific*

*Ascendancy and American Power* (New Haven, CT: Yale University Press, 2009)에서 미국을 중심으로 다룬 진전된 논의를 접할 수 있었다. 이 책 끝머리는 미국과 중국에 유사한 점이 많다는 이단적인 생각이 타당함을 언급한다. 만약 미국과 중국 사이의 유사성에 관해 내가 여기서 말한 내용이 독자의 흥미를 돋우었다면, 미국의 대외 정책에 맞서는 그의 이 책을 읽어보기를 강력히 권한다.

7    Pankaj Mishra, "At War with the Utopia of Modernity," *Guardian*, March 22, 2008, http://www.guardian.co.uk/commentisfree/2008/mar/22/tibet.china1 (2009년 10월 18일 접속)를 참고할 것.

8    Peter Hessler, "China's Instant Cities," June 2007, *National Geographic*, http://ngm.nationalgeographic.com/2007/06/instantcities/hessler-text (2009년 10월 18일 접속).

9    Stephen Mihm, "A Nation of Outlaws," in Kate Merkel-Hess et al., *China in 2008: A Year of Great Significance* (Lanham, MD: Rowman & Littlefield, 2009).

10   David Biello, "Can Coal and Clean Air Co-exist in China?" *Scientific American*, August 4, 2008, http://www.scientifi camerican.com/article.cfm?id=can-coal-and-clean-air-coexist-china (2009년 10월 18일 접속).

11   "America's and Japan's Olympic Debuts: Lessons for Beijing 2008 (and the Tibet Controversy)," *Japan Focus*, #2754, 2008, http://www.japanfocus.org/-Susan-Brownell/2754 (2009년 10월 18일 접속).

12   Mihm, "Nation," p. 278.

# 더 읽을 거리

## I부

중국사 연구는 보통 전설적인 성군 '요'堯에서 중화인민공화국 최초의 지도자 '마오'毛까지의 역사를 되풀이했다(최근 어떤 연구자는 '마오'에서 '야오'姚에 이르는 경로를 밟기도 했다. 이는 마오쩌둥이 사망한 1976년에서부터 농구스타 야오밍姚明을 배출한 현재까지를 말한다). 중국사를 파악하는 데 유용하면서도, 일반적인 관점을 이해하기 쉽게 쓴 책으로는 Patricia Ebrey의 The Cambridge Illustrated History of China (Cambridge University Press, 1999)[이동진 옮김, 『사진과 그림으로 보는 케임브리지 중국사』, 시공사, 2010] 와 John K. Fairbank and Merle Goldman, China: A New History (Harvard University Press, 1998)[김형종 옮김, 『신중국사』, 까치글방, 2005]가 있다. 또한 비교적 방대하지만 술술 읽을 수 있는 유용한 저작으로는 Charles Hucker, China to 1850: A Short History (Stanford University Press, 1978)와 Jonathan Spence, The Search for Modern China, second edition (W. W. Norton, 1999)[김희교 옮김, 『현대 중국을 찾아서』, 이산, 1999]이 있다. 전자는 간결함이 특징이고, 후자는 청나라(1644~1912)의 흥기에서부터 시작되는 중국사를 다룬, 능수능란하면서도 박식한 서술이 특징이다. 이 책들은 중요하지만 지난 세기 말에 출판된 것이기 때문에 최근 전문가에 의해 새로 발견된 사실을 반영하지 못했다는 아쉬움이 있다. 그러나 다음에서 독자들은 21세기 들어 출판되었거나 최근에 공개된 연구 성과 목록을 볼 수 있을 것이다.

## 1장

공자, 맹자, 그리고 동시대 그들의 경쟁 학파의 사상에 대한 가장 잘 알려진 입문서로는 Benjamin Schwartz, The World of Thought in Ancient China (Harvard University Press, 1985)[나성 옮김, 『중국 고대사상의 세계』, 살림, 2004]가 있다. 그리고 그러한 사상가들의 글을 선별적으로 번역한 책으로는 William Theodore De Bary and Irene Bloom, editors, *Sources of Chinese Tradition, Volume 1: From Earliest Times to 1600* (Columbia University Press, 1999)가 있다. 아서 웨일리Arthur Waley의 *Three Ways of Thought in Ancient China* (Stanford University Press, 1939)는 동시대 혹은 백 년 정도 앞뒤로 출현한 맹자와 도가, 법가의 세계관(그는 법가를 '현실주의자들'이라고 평한다)의 유사점과 차이점에 대해 초보적으로 서술한 의미 있는 책이다. 또한 이 책은 그들의 매력적인 명구들(특히 도가 사상가인 장자의 이해하기 쉬우면서도 유쾌한 명구들)을 옮겨놓았다. 한편 첫 번째 황제와 그의 사후 평가에 대한 배경 지식을 원한다면, 사마천에 관한 K. E. 브래시어K. E. Brashier의 훌륭한 소개서인 *The First Emperor: Selections from the Historical Records, translated by Raymond Dawson* (Oxford University Press, 2007)를 참고하라. 공자와 그의 제자들이 발전시킨 '유교' 사상의 복잡한 발전 과정에 대해서는 Lionel M. Jensen, *Manufacturing Confucianism: Chinese Traditions and Universal Civilization* (Duke University Press, 1997)을 참고하라. 과거의 공자 숭배, 그리고 최근 공자 사당의 복구와 그의 위상의 부활과 관련해서는 Julia K. Murray, "'Idols' in the Temple: Icons and the Cult of Confucius," *Journal of Asian Studies*, 68.2 (2009), pp.371~411를 참고하라. 공자와 그의 사상의 부활이 지니는 의의와 그에 대한 긍정적인 평가는 Daniel A. Bell, *China's New Confucianism* (Princeton University Press, 2008)을 참고하라. 이 책의 가치를 인정하면서도 비판적인 입장을 보여준 글로는 Timothy Cheek, "The Karoake Classics: A View from Inside China's Confucian Revival," *Literary Review of Canada* (November 2008), http://reviewcanada.ca/reviews/2008/11/01/the-karaoke-classics/을 들 수 있다. 공자를 암시하는 베이징올림픽 개막식의 다채로운 장면들에 관해서는 Geremie R. Barmé, Lee Haiyan, and others (including me) in Kate Merkel-Hess, Kenneth L. Pomeranz, and Jeffrey N. Wasserstrom, editors, *China in 2008: A Year of Great Significance* (Rowman and Littlefield, 2009; hereafter *China in 2008*)를 참고하라. 중국의 민주주의 전통에 관한 다양한 견해에 대해서는(그리고 중국의 인권 전통과 관련해서는) Andrew J. Nathan, *Chinese Democracy* (University of California Press, 1986)와 Marina Svensson, *Debating Human Rights in China* (Rowman and Littlefi eld, 2002), Joseph W. Esherick and Jeffrey N. Wasserstrom, "Acting Out Democracy: Political Theater in Modern China," *Journal of Asian Studies*, November 1990, pp.835~865를 참조하라.

## 2장

특정 왕조에 대해 깊이 있고 이해하기 쉬우며 학계의 최신 연구를 반영한 연구서로는 티모시 브룩Timothy Brook이 편찬한 Harvard University Press의 시리즈를 참고하라. 그 시리즈는 "History of Imperial China"로, 이 중요한 프로젝트에서 발간한 첫 세 권의 책은 마크 루이스Mark Lewis가 작업한 *The Early Chinese Empires: Qin and Han* (2007)과 *China's Cosmopolitan Empire: The Tang Dynasty* (2009), 윌리엄 T. 로William T. Rowe의 *China's Last Empire: The Great Qing* (2009)이다. 한편 중화제국의 마지막 300년에 관한 책으로는 프레드릭 E. 웨이크먼 주니어Frederic E. Wakeman Jr.의 *The Fall of Imperial China* (Free Press, 1975)[F. 웨이크만 지음, 김의경 옮김, 『중국제국의 몰락』, 예전사, 1987]가 있다. 의화단에 대해서는 Joseph W. Esherick, *The Origins of the Boxer Uprising* (University of California Press, 1988)과 Paul A. Cohen, *History in Three Keys: The Boxers as History, Myth, and Experience* (Columbia University Press, 1997), Robert Bickers and R. G. Tiedemann, editors, *The Boxers, China, and the World* (Rowman and Littlefield, 2007)를 참고하라. 중화제국 통치자와 중국공산당의 지도자 사이의 유사성과 차이점에 대한 활발하고 통찰력 있는 논의와 그 밖의 흥미로운 주제에 관해서는 Geremie R. Barmé, *The Forbidden City* (Profile Books, 2008)를 참고하라.

## 3장

이 장에서 논한 사건과 사람에 관해 서술한 책은 많다. 또한 그중에는 이 책보다 더 자세하고 이해하기 쉽게 쓰인 것도 있다. 그 가운데 대부분은 독자들을 보다 전문적인 연구로 안내할 주석이나 참고문헌을 포함한다. 그 예로 5·4운동의 유산에 대해 자세하게 다룬 Rana Mitter, *A Bitter Revolution: China's Struggle with the Modern World* (Oxford University Press, 2005), 국민당과 공산당 그리고 관련 정치적 사건과 지도자들을 이해하는 데 유용한 지침서로 Jonathan Fenby, *The Penguin History of Modern China: The Fall and Rise of a Great Power, 1850–2009* (Penguin, 2008)을 들 수 있다. 한편 John Gittings, *The Changing Face of China* (Oxford University Press, 2006)는 마오쩌둥의 통치 시기(1949~1976)에 대해 주로 서술했으며, Peter Zarrow, *China in War and Revolution, 1895–1949* (Routledge, 2005)은 매우 치밀하게 그 시기의 지적 흐름을 소개한다.

Pamela Crossley, *The Wobbling Pivot, China since 1800: An Interpretive History* (Wiley, 2010)는 중앙 통치자들과 지방 커뮤니티 사이의 관계에 관한 독특한 관점을 제공한다.

국민당의 중심적인 지도자 두 사람의 삶과 그들의 시대에 대해서는 Marie-Claire Bergére, *Sun Yat-sen* (Stanford University Press, 2000)과 Jay Taylor, *The Generalissimo: Chiang Kai-shek and the Struggle for Modern China* (Harvard University Press, 2009)를 참고하라. 수많은 마오쩌둥 관련 글 중 그의 생애와 영향력을 이해하는 데 도움이 될 만한 포괄적인 성격의 전기로는 Philip Short, *Mao: A Life* (Holt, 2001)가 있다. 또한 그의 글과 파란만장한 역정, 그의 유산에 대해 이해하기 쉽게 쓴 책으로 Timothy Cheek, *Mao Zedong and the Chinese Revolutions: A Brief History with Documents* (Bedford, 2002)가 있다. 루쉰에 관해서는 *The Real Story of Ah-Q and Other Tales of China: The Complete Fiction of Lu Xun* (Penguin, 2009)을 참고하라. 루쉰의 소설을 이해하기 쉽게 번역한 줄리아 로벨Julia Lovell의 이 책은 루쉰의 생애와 창작에 대한 훌륭한 개괄서이다. 마오쩌둥의 통치 시기에 대한 세부적인 내용을 이해하려면 에드워드 프리드먼Edward Friedman 등이 지은 *Chinese Village, Socialist State* (Yale University Press, 1993)를 참고하라. 또한 혼인법에 대해서는 Susan Glosser, *Chinese Visions of Family and State, 1915–1953* (University of California Press, 2003)를 참고하라.

문화대혁명의 발발과 종결에 대해서는 Roderick MacFarquhar and Michael Schoenhals, *Mao's Last Revolution* (Harvard University Press, 2006)과 다큐멘터리 *Morning Sun* (2005) (Carma Hinton and Geremie R. Barmé 감독, 관련 웹사이트 www.morningsun.org)을 참고하라. Andrew G. Walder, *Fractured Rebellion: The Beijing Red Guard Movement* (Harvard University Press, 2009)는 홍위병에 대한 신선한 관점을 제공한다. 한편 Harriet Evans and Stephanie Donald, editors, *Picturing Power in the People's Republic of China: Posters of the Cultural Revolution* (Rowman and Littlefield, 1999)은 다이내믹하고 통찰력 있게 그 시기의 문화적, 예술적 젠더적 측면을 소개한다. 1976년 이후 마오쩌둥에 대한 평가, 그의 생애와 활동의 의미를 둘러싼 논쟁에 대해서는 Geremie R. Barmé, *Shades of Mao: The Posthumous Cult of the Great Leader* (M. E. Sharpe, 1996)와 Lin Chun and Gregor Benton, editors, *Was Mao Really a Monster?* (Routledge, 2009)를 참고하라.

최근 중국이 어떻게 변해왔는지, 그리고 중국의 극적인 변화와 관련된 인물들이 누구인지를 알기 위해서 참고할 만한 책으로는 프리랜서 작가이자 저널리스트인 이언 존슨Ian Johnson, 던컨 휴이트Duncan Hewitt, 레슬리 T. 창, 마이클 마이어, 피터 헤슬러Peter Hessler, 쌍 예의 책을 참고하라. 또한 헤슬러의 최근작이자, (개인적으로 생각할 때) 그의 최고의 책인 *Country Driving: A Journey through China from Farm to Factory* (Harper's, 2010)〔양희승 옮김, 『컨트리 드라이빙』, 중앙북스, 2012〕는 이 주제와 관련해 좋은 길잡이가 되어줄 것이다. 다양한 계급 출신의 평범한 중국인과 진행된 쌍 예의 친절한 인터뷰는 제러미 R. 바메에 의해 *China Candid: The People of the People's Republic of China* (University of California Press, 2006)로 묶여 번역, 출간되었다. 오늘날 중국 정치와 최근 미중 관계의 역사에 대한 소개서로는 Susan Shirk, *China: Fragile Superpower* (Oxford University Press, 2007)가 있다. 한편 중국에 관한 기본적인 사실을 소개한 매력적인 책으로는 스테파니 도널드Stephanie Donald와 로버트 베네위크Robert Benewick의 *The State of China Atlas*, 증보판 (University of California Press, 2009)가 있다.

## 4장

1976년 이후 중국에 대한 일반적인 지식을 얻고자 한다면 Richard Baum, *Burying Mao: Chinese Politics in the Era of Deng Xiaoping*, 개정판 (Princeton University Press, 1996)과 Timothy Cheek, *Living with Reform: China Since 1989* (Zed, 2007)을 참고하라. 민주의 벽과 그와 관련된 사건에 대해서는 Andrew J. Nathan, *Chinese Democracy* (University of California Press, 1986), Merle Goldman, *Sowing the Seeds of Democracy in China: Political Reform in the Deng Xiaoping Decade* (Harvard University Press, 1994), Geremie R. Barmé와 John Minford가 편찬한 *Seeds of Fire: Chinese Voices of Conscience* (Hill & Wang, 1988)를 참고하라. 천안문사건을 야기한 사건들과 지적 동향에 대해서는 Jeffrey N. Wasserstrom, *Student Protests in Twentieth-Century China: The View from Shanghai* (Stanford University Press, 1991)의 마지막 장과 Perry Link, *Evening Chats in Beijing* (W. W. Norton, 1993)을 참고하라.

천안문사건에 대한 글은 매우 방대하다(영문 자료로 한정하더라도 관련 글들이 적지 않고, 그 밖에 중국어 출판물과 프랑스를 비롯한 다른 서양어권의 중요한 출판물도 많다). 카마 힌턴Carma Hinton과 리처드 고든Richard Gordon 감독의 훌륭한 다큐멘터리 *The Gate of Heavenly Peace* (1996)와 이와 더불어 제작된 웹사이트 www.tsquare.tv는 천안문사건에 대한 이해를 증진시키는 데 도움을 줄 것이다. 또한 Craig Calhoun, *Neither Gods nor Emperors: Students and the Struggle for Democracy in China* (University of California Press, 1997)와 Philip J. Cunningham, *Tiananmen Moon: Inside the Chinese Student Uprising of 1989* (Rowman and Littlefi eld, 2009)도 아울러 참고하라. 천안문 대학살과 천안문 투쟁의 몇몇 핵심인물에 대해서는 George Black and Robin Munro, *Black Hands of Beijing* (Wiley, 1993)을 참고하라. 천안문의 군사작전에 대해서는 Timothy Brook, *Quelling the People* (Stanford University Press, 1998)을, 천안문사건에 관한 학자들의 다양한 견해와 관점에 대해서는 엘리자베스 J. 페리Elizabeth J. Perry와 내가 편찬한 *Popular Protest and Political Culture in Modern China, second edition* (Rowman and Littlefield, 1994)를 참고하라. 천안문사건 참가자들의 글에 대해서는 한 민주Han Minzhu가 편집한 *Cries for Democracy* (Princeton University Press, 1990)와 제러미 바메와 린다 제이빈Linda Jaivin이 편집한 *New Ghosts, Old Dreams* (Crown, 1992)를, 베이징 밖에서 벌어진 사건들에 관해서는 조너선 엉거Jonathan Unger가 편찬한 *The Chinese Democracy Movement: Reports from the Provinces* (M. E. Sharpe, 1991)를 참고하라. 공산당 고위 관료에 대한 불만을 보는 다양한 관점과 관련해서는 Zhao Ziyang, *Prisoner of the State: The Secret Journal of Zhao Ziyang* (Simon and Schuster, 2009)〔장윤미 · 이종화 옮김, 『국가의 죄수』, 에버리치홀딩스, 2010)과 량 장Liang Zhang이 편집한 *The Tiananmen Papers* (Public Affairs, 2001), Bruce Gilley, *Tiger on the Brink: Jiang Zemin and China's New Elite* (University of California Press, 1998)〔형선호 옮김, 『장쩌민』, 한국경제신문, 2002)를 참고하라.

1989년 이래로 정권을 유지하고 있는 중국공산당의 저력과 이 시기 중국의 사회적 변화에 대해서는 Peter Hays Gries and Stanley Rosen, editors, *State and Society in 21st-Century China* (Routledge, 2004)를 참고하라. 특히 비비안 슈Vivienne Shue의 정당성에 관한 내용은 Elizabeth J. Perry and Mark Selden, editors, *Chinese Society: Change, Conflict and Resistance*, 제2판 (Routledge, 2003)를 참고하라. 이 책은 특히 천안문사건 이후 시위자들에 관한 내용을 소개한다는 면에서 유익하다. 한편 David Shambaugh, *China's Communist Party: Atrophy and Adaptation* (University of California Press, 2008)은 중국공산당이 다른 나라의 사회주의 정권들의 몰락에서 얻은 교훈을 조명하고

있다. 또한 (아마 '탄력적인 권위주의'라는 아이디어의 대표적 지지자인) 앤드루 네이선 Andrew J. Nathan을 비롯한 여러 사람이 별도의 지면에서 다룬 2009년 7월 *The Journal of Democracy*를 포함해, 1989년 이후의 중국을 다룬 글들을 살펴보라. 파룬궁에 대해서는 David Ownby, *Falun Gong and the Future of China* (Oxford University Press, 2008)를 보라. 오늘날 중국 지식인의 복잡한 삶의 풍경과, 정권의 '반대파'와 '충성파'라는 단순 구분의 문제점에 대해서는 왕차오화Wang Chaohua가 편집한 *One China, Many Paths* (Verso, 2005)〔장영석·안치영 옮김, 『고뇌하는 중국』, 길, 2006〕의 개요 부분과 Gloria Davies, *Voicing Concerns* (Rowman and Littlefi eld, 2001)를 참고하라. 또한 Michael Dutton, *Streetlife China* (Cambridge 152 Further Reading University Press, 1999)와 Geremie R. Barmé, *In the Red* (Columbia University Press, 1999), Wang Hui, *China's New Order* (Harvard University Press, 2003), 에번 오스노스Evan Osnos의 블로그 글인 "Jia Zhangke and Rebiya Kadeer," www.newyorker.com/online/blogs/evanosnos/2009/07/jia-zhangke-rebiya-kadeer.html도 일독을 권한다.

중국의 산아제한 정책에 대해서는 Susan Greenhalgh, *Just One Child: Science and Policy in Deng's China* (University of California Press, 2008), Harriet Evans, "The Little Emperor Grows Selfish," New Statesman, January 1, 2005, www.newstatesman. com/200501010012를 보라. 베이징올림픽의 의의에 대해서는 Susan Brownell, *Beijing's Games: What the Olympics Mean to China* (Rowman and Littlefi eld, 2008)를 참고하라. 상하이 국제박람회와 관련된 서술에서 나는 리사 클레이풀Lisa Claypool과 수전 펀센너Susan Fernsebner의 작업에 많은 도움을 받았다(이에 흥미를 지닌 독자들은 관련 주제에 관한 그들의 출판물을 주의 깊게 살펴봐야 한다). 또한 나의 책 *Global Shanghai, 1850–2010* (Routledge, 2009)의 마지막 장도 아울러 살펴보라.

중국과 인도의 비교에 대해서는 판카즈 미시라Pankaj Mishra의 통찰력 있는 글(예를 들어 "It's a Round World After All: India, China, and the Global Economy," Harper's, August 2007, pp.83~88)와 프라넵 바단Pranab Bardhan의 글(예를 들어 "India and China: Governance Issues and Development," *Journal of Asian Studies*, May 2009, pp. 347~357), 팔라비 아이야르의 *Smoke and Mirrors: An Experience of China* (HarperCollins India, 2008)를 포함해 두 나라의 유사점과 차이점에 대해 언급한 수많은 글을 참고하라. 신장에 관한 대단히 흥미롭고 신중한 작업으로는 James Millward, *Eurasian Crossroads: A History of Xinjiang* (Columbia University Press, 2007)을 들 수 있다. 2009년 7월의 사태에 관한 저자의 의미 있는 평가에 대해서는 "The China Beat"

블로그에 실린 James Millward, "The Urumqi Unrest Revisited," July 29, 2009, www.thechinabeat.org/?p=558와 John Gittings, "China's Uighur Conundrum," *Guardian*, July 7, 2009, www.guardian.co.uk/commentisfree/2009/jul/07/uighur-china-xinjiang-urumqi 을 참고하라.

'정보 격차'와 인터넷 통제에 관해서는 Guobin Yang, *The Power of the Internet in China* (Columbia University Press, 2009)를 참고하라. 이 주제에 대해 훨씬 본질적으로 접근한 글로는 전 CNN 베이징 지국장이었으며, 현재 유명한 미디어 분석가로 활동 중인 레베카 매키넌Rebecca MacKinnon의 *RConversation* (http://rconversation.blogs.com), 제러미 골드컨Jeremy Goldkorn의 *Danwei: Chinese Media, Marketing, Advertising, and Urban Life* (www.danwei.org), 버클리에 소재한 *China Digital Times* (http://chinadigitaltimes.net/)와 홍콩에 소재한 *China Media Project* (http://cmp.hku.hk/)에서 찾을 수 있다.

## 5장

미국과 중국의 상호 영향과 서로에 대한 생각의 배경에 관해서는 Jonathan Spence, *To Change China: Western Advisers in China* (Penguin, 2002)[김우영 옮김, 『근대중국의 서양인 고문들』, 이산, 2009]와 Harold R. Isaac, *Scratches on Our Minds* (M. E. Sharpe, 1980), David Arkush and Lee Ou-fan Lee, editors, *Land Without Ghosts: Chinese Impressions of America from the Mid-Nineteenth Century to the Present* (University of California Press, 1993), Scott Kennedy, editor, *China Cross-Talk* (Rowman and Littlefield, 2003), David Shambaugh, *Beautiful Imperialist: China Perceives America, 1972–1990* (Princeton University Press, 1993), Warren G. Cohen, *America's Response to China: A History of Sino-American Relations*, 제5판 (Columbia University Press, 2010)를 참고하라. 이 장에서 다룬 많은 주제에 대해 요령 있고 이해하기 쉽게 서술한 책으로는 Lionel M. Jensen and Timothy B. Weston, editors, *China Beyond the Headlines* (Rowman and Littlefi eld, 2000)와 *China's Transformations* (Rowman and Littlefield, 2007)가 있다.

중국의 종교에 대해서는 Yoshiko Ashiwa and David L. Wank, editors, *Making Religion, Making the State: The Politics of Religion in Modern China* (Stanford University Press, 2009)와 에번 오스노스를 비롯한 여러 사람이 웹사이트 "Jesus in

China," www.pbs.org/frontlineworld/stories/china_705/에 수집해 놓은 자료를 참고하라. 종교나 그 밖의 이유로 발생한 분열에 대해서는 Susan D. Blum and Lionel M. Jensen, editors, *China Off Center: Mapping the Margins of the Middle Kingdom* (University of Hawaii Press, 2002), Robert Gifford, *China Road: A Journey into the Future of a Rising Power* (Random House, 2007)[신금옥 옮김, 『차이나 로드』, 에버리치홀딩스, 2008], Li Cheng, "Rediscovering Urban Subcultures: The Contrast between Shanghai and Beijing," *The China Journal*, July 1996, pp. 139~153을 참고하라. 민족 차이에 대해서는 Ralph Litzinger, *Other Chinas: The Yao and the Politics of National Belonging* (Duke University Press, 2000), 중요한 온라인 정기간행물 *China Heritage Quarterly*, September 2009에 실린 Thomas S. Mullaney, "Introducing Critical Han Studies,"(www.chinaheritagequarterly.org/scholarship.php?searchterm=019_han_studies.inc&issue=019), '양성 관계'라는 독특한 접근 방식을 통해 '한족' 집단을 조사한 Sara L. Friedman, *Intimate Politics: Marriage, the Market, and State Power in Southeastern China* (Harvard University Press, 2006)를 참고하라. 세대 차이에 대해서는 Duncan Hewitt, *Getting Rich First: A Modern Social History* (Pegasus, 2008), Yan Yunxiang, *Private Life Under Socialism* (Stanford University Press, 2003), "Little Emperors or Frail Pragmatists?" *Current History*, September 2006, pp. 255~262, Alec Ash의 블로그 "Six" (www.thinksix.net/), Zachary Mexico, *China Underground* (Soft kull, 2009)를 참고하라.

중화인민공화국을 이해하기 위한 가이드로서 오웰과 헉슬리에 대한 논의는 나의 *China's Brave New World—and Other Tales for Global Times* (Indiana University Press, 2007)에서 볼 수 있다. 여기에서 나는 비록 『1984』의 관점이 지닌 가치와 한계를 둘러싸고 벌어진 이전 논쟁을 소개하지만, 신장이나 티베트 등 국경 지대에 대한 독특한 탄압 기제와 지정학적 구분의 중요성을 늘 강조하는 것은 아니다. 티베트의 복잡한 성격에 대해서는 망명 중인 티베트의 정신적 지도자에 대한 피코 라이어Pico Iyer의 동정적이면서 기묘하고 매력적인 전기 *The Open Road: The Global Journey of the Fourteenth Dalai Lama* (Knopf, 2008)를 참고하라. 그리고 이 책과 더불어 그에 대한 논의를 통해 최근의 딜레마를 이해하고자 하는 두 개의 통찰력 있는 글 Robert Barnett, "Thunder from Tibet," *New York Review of Books*, May 29, 2008, ww.nybooks.com/articles/21391와 Pankaj Mishra, "Holy Man," *New Yorker*, March 31, 2008, www.newyorker.com/arts/critics/books/2008/03/31/080331crbo_books_mishra?currentPage=all을 참고하라. 또한 티베트 문제와 관련해 이 장의 주석에서 이미 언급한 메어클헤스Merkel-Hess 등의 *China in*

*2008*를 참고하라.

인민해방군의 어제와 오늘에 대한 좋은 개설서로는 Andrew Scobell, *China's Use of Military Force* (Cambridge University Press, 2003)가 있다. 타이완 문제에 대해서는 Nancy Bernkopf Tucker, *Strait Talk: United tates-Taiwan Relations and the Crisis with China* (Harvard University Press, 2009)를 참고하라. 1997년 홍콩 반환에 대해서는 방대한 문헌이 있지만, John M. Carroll, *A Concise History of Hong Kong* (Rowman and Littlefield, 2007)과 과거 영국 식민지였던 홍콩의 최근 면모에 대해 독특하면서도 의욕적인 연구를 보여준 Leo Ou-fan Lee, *City Between Worlds: My Hong Kong* (Harvard University Press, 2008)이 참고할 만하다. 농촌국가 중국에서 도시국가 중국으로의 변동화에 대해 특별히 주의를 기울인 최근의 연구 결과로는 John Logan, editor, *Urban China in Transition* (Wiley, 2008)이 있다. 또한 농촌에서 도시로 이주한 이주민의 삶을 조명한 매력적인 보도 자료인 Leslie T. Chang, *Factory Girls: From Village to City in a Changing China* (Spiegel and Grau, 2007)와 Dorothy Solinger, *Contesting Citizenship in Urban China* (University of California Press, 1999)도 참고할 만하다.

중국 정치의 미래와 부패 등 고질적 문제에 대해서는 지난 세기에 쓰인 몇몇 유명한 글이 비관주의에서 낙관주의로의 패러다임 전환과 다른 관점을 보여주었다. 그러한 글로는 Perry Link and Josh Kurlantzick, "China's Modern Authoritarianism," *Wall Street Journal*, May 25, 2009, www.carnegieendowment.org/publications/?fa=view&id=23158&prog=zch, Philip P. Pan, *Out of Mao's Shadow: The Struggle for the Soul of a New China* (Simon and Schuster, 2008)[김춘수 옮김, 『마오의 제국』, 말글빛냄, 2010], John Pomfret, *Chinese Lessons* (Holt, 2006), Ian Johnson, *Wild Grass: Three Stories of Change in Modern China* (Pantheon, 2004)[이안 존슨 지음, 이신범 옮김, 『와일드 그래스』, 유스북, 2005], Elizabeth J. Perry and Merle Goldman, editors, *Grassroots Political Reform in Contemporary China* (Harvard University Press, 2007), George J. Gilboy and Benjamin L. Read, "Political and Social Reform in China: Alive and Walking," *Washington Quarterly*, Summer 2008, pp. 143~164이 있다.

중국의 민족주의라는 복잡한 문제를 이해하는 데 참고할 만한 학술적 접근으로는

Jonathan Unger, editor, *Chinese Nationalism* (M. E. Sharpe, 1996), Prasenjit Duara, *The Global and the Regional in China's Nation-Formation* (Routledge, 2009), Henrietta Harrison, *China: Inventing the Nation* (Oxford University Press, 2001)이 있다. 오늘날 민족주의와 그 복잡성에 관해서는 Evan Osnos, "Angry Youth," *New Yorker*, July 28, 2008, www.newyorker.com/reporting/2008/07/28/080728fa_fact_osnos, 이미 언급한 로 슨Rosen과 그리스Gries의 *State and Society in 21st-Century China*, 젠슨Jensen과 웨스턴 Weston의 저서들, Merkel-Hess et al., *China in 2008*를 참고하라.

에너지와 환경문제에 관해서는 'China Green Project'(http://sites.asiasociety.org/ chinagreen/links/)와 같은 중요 온라인 프로젝트가 많은 훌륭한 작업을 수행했다. 이 프 로젝트는 오빌 셸Orville Schell이 이끄는 Asia Society's Center on U.S.–China Relations 가 수행하고 있다. 오빌 셸은 현재까지 30년 넘게 중국을 여행했고 또 중국에 대해 글 을 써왔다. 한편 양국 언어로 되어 있는 고무적인 웹사이트 "China Dialogue" (www. chinadialogue.net/)는 중국 사정에 밝은 이저벨 힐턴Isabel Hilton이 운영하고 있다. 또한 Woodrow Wilson Center의 "China Environment Forum" (www.wilsoncenter.org/index. cfm?topic_id=1421&fuseaction=topics.home)은 중국 환경문제 전문가인 제니퍼 터너 Jennifer Turner가 맡고 있다. 수자원 문제에 관해서는 Kenneth L. Pomeranz, "The Great Himalayan Watershed," *New Left Review*, July–August 2009를 참고하라.

중국의 환경 및 경제 문제에 대해 명료하고 이해하기 쉽게 설명한 최신 글로는 제임 스 팰로스James Fallows가 *Atlantic*에 실은 "China's Silver Lining," *Atlantic Monthly*, June 2008, www.theatlantic.com/doc/200806/pollution-in-china이 있다. 그가 상하이와 베 이징에 장기 체류하는 동안 작성한 보도들과 유사한 글은 *Postcards from Tomorrow Square: Reports from China* (Vintage, 2008)에서도 살펴볼 수 있다.

미국과 중국이 상당히 비슷하다는 생각의 가치는 메어클헤스 등이 쓴 *China in 2008* 와 브루스 커밍스Bruce Cumings의 중요한 저서인 *Dominion from Sea to Sea: Pacific Ascendancy and American Power* (Yale University Press, 2009)[박진빈·김동노·임종명 옮김, 『미국 패권의 역사』, 서해문집, 2011]에서 강조되고 있다. 또한 Howard W. French, "Letter from China: China Could Use Some Honest Talk about Race," *International Herald Tribune*, July 31, 2009, www.nytimes.com/2009/08/01/world/asia/01iht-letter. html?partner=rssnyt&emc=rss도 아울러 참고하기 바란다. 이 글은 1967년 디트로이트에 서 발발한 폭동과 2009년 7월 신장에서 벌어진 사건에 대한 유용한 비교를 진행했다.

# 감사의 말

내 수업에 참여했던 학생들과 지난 20년 동안 중국에 관한 대화를 통해 만났던 4대륙, 14개국의 사람들에게 고마운 마음을 전한다. 그들의 질문은 내가 이 책을 쓰면서 고민한 것들을 해결하는 데 도움을 주었다. 또한 옥스퍼드대학교 출판사의 팀 벤트Tim Bent와 데인 포슈스타Dayne Poshusta에게 감사한다. 이 책의 기획안을 읽고 나의 질문 리스트를 다듬는 데 도움을 준 익명의 독자들에게도 감사드린다. 이 기획을 책임진 팀은 한결같은 지원과 유머감각으로 에너지를 불어넣었고, 이 책의 산문체 문장을 보다 밀도 있게 만들어주었다. 또한 데인은 예리한 안목으로 이 원고의 중요한 부분에 진전을 가져다주었다.

다른 친구와 동료에게도 고마움을 표하고 싶다. 그들은 나의 질문에 훌륭하게 대답해주었고 나의 아이디어를 경청해주었다. 또한 출판되지 않은 그들의 작업을 공유할 수 있도록 허락하고, 바쁜 와중에도 하나 혹은 여러 장章을 읽고 의견을 내주었다. 수전 브라우넬Susan Brownell, 팀 옥스Tim Oakes, 팀 웨스턴Tim Weston, 리사 클레이풀Lisa Claypool, 수전 펀세너Susan Fernsebner, 리 하이옌Lee Haiyan, 사라 프리드먼Sara Friedman, 벤저민 리드Benjamin

Read, 케이트 메어클헤스Kate Merkel-Hess(특히 그녀에게 별도로 고마움을 전하고 싶다. 이 책의 상당 부분은 그녀와 내가 함께 논의한 내용으로 채워졌다)에게 감사한다. 바네사 슈워츠Vanessa Schwartz, 롭 컬프Rob Culp, 피터 재로Peter Zarrow, 케이트 에저턴타플리Kate Edgerton-Tarpley는 무거운 책임감과 깊은 우정으로 초안 전체를 공들여 읽고, 이 책의 수준을 끌어올릴 수 있는 뜻 깊은 의견들을 제시해주었다.

인디애나대학교의 동료들과 캘리포니아대학교 어바인의 많은 동료에게도 감사 인사를 전한다. 그들은 내가 중국에 관해 더 잘 알 수 있도록 해주었고, 중국과 다른 나라 사이의 유사점과 차이점을 이해하는 데 도움을 주었다. 그중에서도 특별히 인디애나대학교에 재직했거나 재직 중인 마리아 버커Maria Bucur, 제프 아이작Jeff Isaac, 제프 굴드Jeff Gould, 닉 컬래서Nick Cullather, 마이크 그로스버그Mike Grossberg, 존 보드너John Bodnar, 수 투오이Sue Tuohy, 스콧 오브라이언Scott O'Bryan, 스콧 케네디Scott Kennedy, 제프 바이들링거Jeff Veidlinger, 벤 네이선스Ben Nathans, 마크 로즈먼Mark Roseman, 컴블 서바스와미Kumble Subbaswamy, 마이클 커틴Michael Curtin, 캘리포니아대학교 어바인의 케네스 포머런츠Kenneth Pomeranz, 비냐악 차투르베디Vinayak Chaturvedi, 밥 몰러Bob Moeller, 에밀리 로젠버그Emily Rosenberg, 융 천Yong Chen,

귀 치타오Guo Qitao, 도로시 솔링거Dorothy Solinger, 로라 미첼Laura Mitchell, 카비타 필립Kavita Philip, 제니퍼 멍거Jennifer Munger에게 감사드린다.

2008년 1월 캘리포니아대학교 어바인에서 출범한 '차이나비트'China Beat 블로그로 알게 된 모든 사람에게도 고마움을 표하고 싶다. 차이나비트에서의 모험을 통해 나는 '중국'과 '글쓰기'에 관한 소중한 가르침을 지속적으로 얻었고, 교수와 대학원생, 전문적인 프리랜서 작가와 연구자 간에 자유롭고 격의 없는 소통으로 놀라운 성취를 얻을 수 있음을 알게 되었다. 일일이 열거할 수 없을 차이나비트의 공로자들에게 감사하며, 그중에서도 특히 차이나비트와 『2008년의 중국: 대단히 중요한 해』China in 2008: A Year of Great Significance의 협력자 케이트 메어클헤스, 케네스 포머런츠, 모라 커닝햄Maura Cunningham, 미리 킴Miri Kim, 수전 매키천Susan McEachern에게 감사한다.

이 책의 원고를 빠르고 세심하게 검토해준 니콜 레벡Nicole Rebec에게도 감사한다. 처음으로 나를 옥스퍼드대학교 출판사의 환상적인 뉴욕 사무실로 안내해준 낸시 토프Nancy Toff도 고마운 사람이다.

2009년 대화나 이메일 등을 통해 이 책의 주제에 관해 논의했던 판카즈 미시라Pankaj Mishra, 제러미 바메Geremie Barmé, 티모시 가턴 애시Timothy Garton Ash, 알렉 애시Alec Ash, 프라센지트 두아라Prasenjit Duara, 해리엇 에번스Harriet Evans, 마크 셀든Mark Selden, 티모시 웨스턴Timothy Weston, 매리 갤러거Mary Gallagher, 엘리자베스 페리Elizabeth Perry, 게일 허셰터Gail Hershatter, 바버라 미틀러Barbara Mittler에게도 고마운 마음을 전한다. 그들은 지금쯤 나와 교류했던 일을 잊었겠지만, 그들과의 의견 교환은 내가 중요한 문제에 대한 생각을 가다듬는 데 도움을 주었다. 한편 예전에 집필한 책의 감사의 말에서 나는 여러 흥미로운 간행물의 편집자들을 언급한 바 있다. 나의 일부 작업에 대한 그들의 지적은 학문적인 글에서 대중적인 글로 나의 집필 영역을 확장하는 데 도움을 주었다. 그들의 지적에 여전히 빚진 느낌이지만, 기존에 언급한 이름에 새로운 이름 몇 개를 더 추가하고자 한다. 조앤 코넬Joan Connell, 조시 버렉Josh Burek, 케이트 팔머Kate Palmer, 리엄 피츠패트릭Liam Fitzpatrick, 콜린 맥마흔Colin McMahon, 닉 골드버그Nick Goldberg에게 감사한다.

마이클 프리먼Michael Freeman에게도 감사 인사를 드리고 싶다. 그는 나의 정신적 스승이자, 내가 신입생 때 중국에 대해 '알 필요가 있다'는 것을 처음으로 가르쳐준 분이다. 그리고 늘 그렇듯 마지막으로 앤 복Anne Bock에게 고마움을 전한다. 그녀는 이번 집필 과정에서 나로 하여금 '중국에 대해 모두가 알아야 할'

것과 단지 나만이 흥미를 느끼는 것의 차이를 끊임없이 인식하
도록 해주었다.

## 옮긴이의 말

중국이라는 나라에 관해 우리는 이미 매일같이 무수하게 많은 정보를 접하고 있다. 그러한 정보들은 우리가 중국을 이해하는 데 상당히 유익한 지식을 전하고 있는 것처럼 보인다. 그러나 각종 포털사이트나 뉴스를 통해 접하는 중국 관련 기사의 제목이나 콘텐츠를 유심히 살펴보면, 그것들이 중국의 실상에 대한 이해의 폭을 넓혀주기는커녕 중국에 관한 깊은 편견과 오해 그리고 그리 유쾌하지 않은 여러 가지 정서를 심어줄 뿐이라는 점을 알게 된다.

중국은 기상천외한 사건과 사고의 가십을 제공하거나 정치적, 경제적, 군사적으로 커다란 위협이 되는 골칫덩어리로 인식되기 십상이다. 물론 중국의 미래를 장밋빛으로 장식하고 중국을 광대한 기회의 땅으로 묘사하는 기사 역시 적지 않다. 그러나 이러한 기사들도 상당수는 중국의 잠재력이나 가치를 지나치게 이상화하는 우를 범하는 듯 보인다.

중국에 대한 그와 같은 잘못된 접근법은 중국의 독특하고 복잡한 현실과 중국인 특유의 사고방식을 쉬이 홀시하게 만들며, 결과적으로는 한국과 중국 두 나라의 우호적인 교류를 방해하고 서로의 가슴에 상처와 불신만을 남긴다. 그러나 우리나라 밖의 다른 나라에 관한 지식을 쌓는 일에서 오류나 편견을 배제하고 환상이나 지나친 낙관론에 주의하기란 결코 만만한 일이 아니다. 특히 역사적으로나 현재적으로나 우리의 이해관계와 밀접하게 연관된 이웃 나라를 이해하는 데에서는 더욱 그러할 것이다.

미국의 저명한 중국근대사학자인 와서스트롬의 이 책은 미국 대중에게 중국이라는 나라를 편견 없이, 쉽게 이해할 수 있도록 하기 위해 집필되었다. 와서스트롬은 특히 중국의 학생운동과 상하이 연구에 큰 성과를 남긴 학자로, '차이나비트'China Beat라는 공동 운영 블로그나 다채로운 형식의 강연, 칼럼 기고 등을 통해 다양한 학자나 학생, 대중과 지속적인 소통을 시도해왔다. 저자가 서문에서 밝혔듯이, 이 책은 그러한 노력의 산물이라 할 수 있다.

이 책을 통해 우리는 중국이라는 나라에 관해 우리가 자주 접하게 되는 정보가 그러한 것처럼, 미국인이 접하게 되는 정보 또한 각종 편견과 오해로 뒤섞여 있다는 점을 발견하게 된다. 특히 세계 제일의 강대국인 미국인에게 중국이라는 초강대국의 부상은 지난날 서구인의 뇌리에 뿌리 깊게 박혀 있던 '붉은 위협'과 '피에 굶주린 의화단' 따위의 표상들을 환기시키는 듯하다. 십수 년 전 미국과 일본에서 이미 제기되었고, 몇 년 전 우리나라의 중국학계에서도 상당히 중요하게 다루어진 '중국위협론'은 21세기 들어 눈에 띄게 증대된 중국의 정치, 경제, 군사, 문화적 역량에 대한 미국과 서방 세계 그리고 우리 자신의 우려를 반영한다.

중국이라는 한 나라를 이해하는 데 그러한 우려가 우리의 의식에 미치는 왜곡된 영향은 다음 두 가지다. 상대를 너무 거대하게 보거나 아니면 반대로 상대를 너무 얕잡아 보거나. 와서스트롬은 이 책을 통해 그와 같은 왜곡된 영향이 낳은 편견과 오해를 밝히고 불식시키려 한다. 역자는 그러한 시도가 비단 미국인을 비롯한 서구인뿐 아니라 우리에게도 충분히 유익하다고 본다.

가령 때때로 우리는 서구인이 중국인의 반제국주의적 시위와 저항 혹은 군비의 증강 등으로부터 느끼는 것과 동일한 혐오감과 위협감을 지니지 않는가? 또는 자극적인 인터넷 기사들로 현혹된 우리의 인식 속에서 중국은 '짝퉁', '불량식품', '지저분함', '소란스러움', '불친절함', '잔인함' 등의 부정적 관념으로만 뒤섞여 있지 않는가? 마치 우리의 근대화 과정은 본래부터 그런 것들과 전혀 무관했던 것처럼. 한중 양국 사이에 크고 작은 외교적 분쟁이 발생했을 때 우리의 포털사이트와 주요 일간

지를 도배해왔던 것은 비이성적이고 자극적인 험담과 비난, 욕설과 폭력이 아니었던가?

물론 이러한 문제 제기가 현 중국의 여러 면모에 대한 합리적 비판조차도 중단하라고 요구하는 것은 아니다. 그러나 우리는 줄곧 미국을 하나의 유토피아로, 근대화의 완성태로 상상해왔던데 반해 중국을 늘 낙후되고 대책 없는 디스토피아로 상상해왔다. 이러한 이분법이 어느 정도 불식된 것처럼 보이는 오늘날에도 여전히 그와 같은 상상은 우리 안에 깊이 도사리고 있는 것처럼 보인다.

한 나라를, 그것도 지리적으로나 문화적으로나 우리에게 가장 가까운 중국이라는 나라를 대하는 데 그와 같은 이분법적 태도는 어느 정도 조정되어야 할 필요가 있다. 그러한 조정을 위해 우선 중국의 역사를 이해해야 하겠고, 그 가운데서도 특히 중국 근현대사에 대한 개괄적인 이해는 반드시 필요하다.

와서스트롬의 이 책이 독자에게 제공하는 중국사에 관한 기초적이고 핵심적인 지식과 중국의 미래에 대한 전망은 우리가 중국에 갖고 있는 그릇된 지식들이 어떤 오해와 편견으로부터 비롯되었는지를 설득력 있게 보여준다. 또한 이 책이 지니는 미덕은 문답식의 구성과 간단명료한 서술을 통해 중국에 관하여 보다 더 자세하고 깊이 있게 알고자 하는 독자의 의욕을 고

무한다는 점이다. 따라서 이 책은 중국에 대해 막연하고 파편적인 지식만을 지녔던 대중 독자나 중국에 대해 막 공부를 시작한 학생에게 더할 나위 없이 쉽고 흥미진진하게 읽힐 수 있는 책이 될 것이다.

이 책이 번역되어 나오기까지 지면을 통해 열거할 수 없을 정도로 많은 분의 도움을 받았다. 이 책의 번역을 소개해주고 번역 과정 중에 지속적으로 독려해주신 남석이 형, 꼼꼼하고 날카로운 지적과 적절한 조언을 통해 번역자의 나태함과 미숙함을 보완해주신 이경민 님, 대중과의 소통과 지식의 나눔을 강조하시며 나의 협애한 시야를 열어주신 조성웅 대표님, 가까운 곳에서 늘 든든한 배움의 우군이 되어주셨던 박남용 선생님, 김순진 선생님, 김택규 선생님, 지난 석박사 과정 중 한결같은 지지와 배려로 무사히 학업을 마칠 수 있도록 지도해주신 이영구 선생님, 그리고 무엇보다도 올 한 해 결혼 준비와 학업, 일과 가사를 병행하느라 고된 하루하루를 보냈을 사랑하는 아내 은혜에게 감사드린다. 아울러 30년 넘도록 묵묵히 뒷바라지 해오셨음에도 불구하고 여전히 당신 자식에게 더 베풀 것이 없는지를 매일같이 고민하시는 나의 부모님께도 감사 인사 올린다.

**중국, 묻고 답하다 :**
**미국이 바라본 라이벌 중국의 핵심 이슈 108**

2013년 1월 14일 초판 1쇄 발행

**지은이**                              **옮긴이**
제프리 와서스트롬                        박민호


**펴낸이**          **펴낸곳**          **등록**
조성웅             도서출판 유유        제406-1010-000032호(2010년 5월 18일)

                   **주소**
                   경기도 파주시 문발동 560 숲속길마을
                   동문굿모닝힐 302동 102호 (우편번호 413-782)


**전화**              **팩스**              **홈페이지**          **전자우편**
070-8701-4800      0303-3444-4645      uupress.co.kr        uupress@gmail.com


**편집**              **디자인**            **제작**
이경민              이기준              (주)재원프린팅


ISBN  978-89-967766-6-6  03910

이 도서의 국립중앙도서관 출판시도서목록(CIP)은 e-CIP 홈페이지(www.nl.go.kr/
ecip)와 국가자료공동목록시스템(www.nl.go.kr/kolisnet)에서 이용하실 수
있습니다.(CIP제어번호: CIP2013000083)